售罄·地产精英培训系列

售罄 II

地产销售100%成交心理学

邓小华◎著

白金版

中国经济出版社
CHINA ECONOMIC PUBLISHING HOUSE
·北京·

图书在版编目（CIP）数据

售罄Ⅱ：地产销售100%成交心理学/邓小华著.
北京：中国经济出版社，2013.4
（地产精英实战系列丛书）
ISBN 978-7-5136-1969-1
Ⅰ.①售… Ⅱ.①邓… Ⅲ.①房地产—销售—技术培训—教材 Ⅳ.①F293.35

中国版本图书馆CIP数据核字（2012）第241432号

责任编辑　葛　晶
责任审读　霍宏涛
责任印制　张江虹
封面设计　任燕飞装帧设计工作室

出版发行　中国经济出版社
印 刷 者　北京力信诚印刷有限公司
经 销 者　各地新华书店
开　　本　710mm×1000mm　1/16
印　　张　16.25
字　　数　235千字
版　　次　2013年4月第1版
印　　次　2019年3月第20次
书　　号　ISBN 978-7-5136-1969-1/F·9510
定　　价　39.80元

中国经济出版社 **网址** www.economyph.com **社址** 北京市西城区百万庄北街3号 **邮编** 100037
本版图书如存在印装质量问题，请与本社发行中心联系调换（联系电话：010-68319116）

典藏之作，好评如潮（排名不分先后）

初识邓小华老师是在玛雅房屋陕西总部《开单也疯狂》的训练课堂上，老师对房地产中介行业的热爱，授课时的投入、认真，深深打动了300多名玛雅家人。老师在专业、幽默中传授的房屋销售技巧和客户需求，其简单实用让玛雅伙伴在门店实际工作中收获颇多。

——陕西玛雅房屋中介有限公司总经理　李耘

《售馨Ⅱ》全面系统阐述了房地产销售的“术”，是经纪人快速成长的宝典。

——杭州盛世管家房地产经纪有限公司董事长　童浩

邓小华老师是我走遍华夏大地，见到的少有的几个最优秀的房地产经纪行业的专业讲师之一。他的课程覆盖面广、深入浅出、幽默风趣，有方法、有标准、可执行，使几乎覆盖全中国的房地产经纪机构、房地产经纪人员、管理人员受益。悉闻《售馨Ⅱ——地产销售100%成交心理学》出版，在此，我祝愿此书像《售馨Ⅰ》一样深受国内外同行的热捧，同时给房地产经纪行业的成熟、进步和发展增加新的动力和源泉！

——协力房地产总经理　李茂玉

经纪大型连锁企业的战略原点就是客户和员工，除了营销，其他都是企业的成本，顺驰将与邓小华老师一同学习、成长，推动行业不断发展！

——无锡顺驰总经理　罗培杰

房地产中介销售的产品是情感和服务，没有情感的销售是很难成功的。

——九鼎房地产经纪公司总经理　严强

《售馨Ⅱ——地产销售100%成交心理学》，好书是智慧的启迪，更是财富的源泉。

——中营地产总经理　蒋文凯

这是一个合纵连横的时代，同时也是强强联合的时代。因为行业性质的特殊性，从事房地产行业的人会有一种责任感和使命感，《售馨》帮你发现作为房地产经纪人的职责所在。认真研读此书，你则有可能在这个时代收获巨大的能量和荣耀。

——国大置业总经理　赵二田

作为一个行业的代表人物之一，作为在这个行业里一家成功企业的管理者，邓小华老师的《售馨》堪称业界圣经。值得拜读。

——广东房联房地产经济发展有限公司董事长　高庆民

学习力就是竞争力，用最有效的知识武装自己。

——美华房地产董事长　乔小勇

中国房地产经纪企业的推进器，打造房地产金牌经纪人的孵化器。

——世纪宏图不动产董事长　孙秀高

用心演绎的真实案例，与众不同的《售罄》传奇。

——新朋友地产　齐新芳

说、学、逗、唱造就相声大师，“快、准、狠、贴、勤”造就新一代房地产经纪高手。有了目标、计划、方案不能够保证持续开单，但若加上智慧地“行动”，便能更好地创造业绩的高峰。全新《售罄Ⅱ》助你练好经纪人基本功并收获72招智慧“行动”锦囊。一人一本，你必须拥有。

——恒丰房地产总经理　杜泽彬

这是一本提高成交率的智慧宝典，是每一位经纪人都要领会，每一位管理者都要掌握的制胜秘籍!

——平安易居总经理　姜毅

过去是“若要功夫深，铁杵磨成针”。《售罄Ⅱ》是现今的房地产销售葵花宝典，助房地产销售人员晋升超一流高手行列，也祝《售罄Ⅱ》在房地产销售领域独步青云。

——启富房地产总经理　张霞

《售罄》立足于实战，涉及从房地产销售的心态到技巧的方方面面，并呈现了各大销售冠军在从业过程中的经验总结，更显生动。本书兼具可读性、实用性和指导性，阐述很精辟，不愧为作者多年心血力作，值得一读。

——置家房地产总经理　张锡荣

《售罄》是销售冠军的必备书籍，本书汇集了大量的实用技巧、生动的案例、精辟的经验之谈，是一部具有销售实践指导意义的好书，值得所有销售人员借鉴和学习。

——今鹰置业顾问有限公司董事长 廖佐鹰

运筹于《售罄Ⅱ——地产销售100%成交心理学》之中，决胜于千里之外。

——东升房地产总经理 邱芬兰

《售罄》贴近实战，超实用，我喜欢。

——中伟房地产董事长 游伟

自从2007年在北京参加邓小华老师的培训后，又多次在广州、重庆、花都等地参加了邓老师的课程，并且得到了邓老师的亲自指导。几年间，在邓老师的辅导下，公司由原来的5家门店发展到如今的30余家直营店，并且效益可观。我们计划继续通过邓老师的辅导，在最近两年内把公司直营店做到100家以上。用一句话来表达我的心情就是："我跟邓小华老师相见恨晚。"

——双悦房地产总经理 任永贵

《售罄》收录了全国房地产经纪行业的精髓，是一本帮助经纪人提升业务技能的好书，简单易懂，实用性和针对性极强！

——凯银房地产总经理 凡雪峰

2012年以后的中介公司，运营模式需要升级，才能在新形式下具有竞争力。同样道理，销售技巧也需要升级。《售罄Ⅱ》就给了我们销售技巧怎样升级的答案。

——房博士房地产总经理 龚文波

期盼已久的《售罄》白金版上市了，作为行业培训教材，它是我们公司人人必读的工具书，帮助我们获得理想的业绩。

——路路通房地产总经理　黄铁军

我们公司的员工从2008年开始就在看邓老师的书，请邓老师做培训。目前公司90%的员工都看过邓老师的书，他的书对我们公司业绩提升有很大帮助，很感谢邓老师。

——自信房地产总经理　黄义清

本书是具有很强实战性与实效性的房地产销售书籍，能够帮助房地产业内人士快速提升销售技能，非常值得推荐。

——品信地产总经理　谢振华

想要成为巨人，先和巨人同行；想要成为房地产销售冠军，先要读读《售罄》。

——博馨房地产经纪有限公司　黄成聪

人生因梦想而伟大，因学习而改变。学习的速度，决定发展的速度。思路决定出路，只有学习型的企业和人，才能在竞争激烈的市场中永葆青春活力！

——中金地产董事长　周学东

《售罄》所述内容是房地产销售行业最专业、最实用的武器。

——马力地产董事长　李文辉

同样产品卖服务，同样服务卖细节。《售罄Ⅱ》是每个优秀经纪人必读之书。

——卓亚地产总经理　李伟

这是一本不可多得的地产中介百科全书，是经纪从业人员终身受用的秘籍。年轻从业人员可大开眼界，资深从业人员可温故知新。书中精练的文字和丰富的实例，通俗易懂，我会把这本书推荐给我的工作伙伴和朋友。

——万通地产总经理　梁寿如

邓老师的培训，一直被誉为“地产中介培训的黄埔军校”。这本书难得的是看了就可以马上实操，效果立竿见影。此书是售楼冠军的制胜法宝，值得大力推广。

——风驰天下房地产经纪有限公司董事长　刘红俊

邓老师总结的房地产销售智慧让房地产经纪工作变得“如此简单”，庆幸行业中有这样一位智者。

——朝阳房地产总经理　刘强

2012 年 9 月我第一次听邓小华老师的课程，后来又看了邓小华老师的著作《售罄》。实操性与系统性非常强，对我本人及团队的帮助非常大，业绩提升也很快，邓小华是我们昊东团队的恩师。

——昊东房地产总经理　罗成

《售罄》这本书是从事房地产销售行业的必读书籍，它将心理学、销售技巧、案例分析相结合，作者深入浅出、简单明了地讲述了房地产销售顶尖秘籍，非常实用。我送给身边做地产销售的朋友，他们都很喜欢。

——永诚地产　李诚中

本书各个章节按照逻辑顺序由浅入深逐步推进，使经纪人能够更好地掌握客户心理。本书还配备了一些真实案例，通过对这些案例的学习，经纪人可以检验自己对书中所介绍的各种技巧的掌握程度。这是一本不可多得的房地产销售行业培训用书。

——爱丁堡房地产总监　潘万里

《售罄》写得经典，颇具实战性，案例丰富，是我们万豪地产员工的必备书籍。

——万豪地产董事长　潘明荣

《售罄》是邓小华老师多年从业经历的总结与沉淀，并加以理论提升，文字精辟，通俗易懂，是一本房地产行业难得的好书。

——广积粮不动产总经理　王凯

《售罄Ⅱ》不愧为书中珍宝，难能可贵，很实用。

——家旺房地产总经理　王海洋

专业提升效率 + 专业创造价值 = 《售罄》，要想成为巨人，先和巨人同行，要想成为房地产销售冠军，先要读《售罄》。

——荣诺置业总经理　王永强

近几年来我们与奥锐公司深度合作，非常感谢邓小华老师为我们房地产经纪行业作出的卓越贡献，《售罄》将为从业人员创造销售神话指明方向。

——鲁昂房地产副总经理　徐勇均

《售罄》是实用性超强的企业内部培训教材，通俗易懂、操作性强。

——信发置业总经理　肖明海

《售罄》无疑是地产行业的一本标杆力作，跟着邓老师学习优势售楼技巧，我的员工运用起来立竿见影。

——宏辉房地产总经理　杨成虎

邓小华老师是中国为数不多的致力于房地产经纪管理模式研究的专家，他的书籍和他的课程一样精彩。在房地产三级市场日趋活跃的今天，我们期待更多的有识之士加入房地产经纪研究行列。

——山林风房地产行销代理有限公司总经理　余冬霞

《售罄》是房地产行业必备培训用书，值得您收藏。

——和盛房地产总经理　杨俊辉

关于房地产销售的图书本来就不是太多，《售罄》可以说是其中的精品，此书从故事、道理、案例、总结、方法等几个方面进行深入阐述。通过对《售罄》的学习，华夏战士在技能和心态方面得到了全面完善和提升，感谢《售罄》，感谢奥锐公司，感谢邓老师。

——华夏房地产经纪有限公司董事长　张秋萍

自序

房地产销售须以道御术

有一次，在课堂上有个学员举手问了一个问题："如何将没电梯的顶楼（九楼）房屋卖给一位70岁的老太太？"让我惊愕不已，这也使得我开始重新考虑什么是销售技巧。有的人说销售技巧就是"将一根稻草说成一根金条"，这是技巧吗？不是，这是"忽悠"。真正的销售技巧是"将一根金条说成一根金条"，也就是说，我们卖的首先必须是一根金条，然后你说服买方，让他相信这是一根金条。例如，你脖子上戴着一根纯金的项链，现在摘下它到街上叫卖，谁会相信这是纯金的呢？你要是有方法说服对方相信这是纯金的，这就是销售技巧。销售技巧的真谛就是"销售给顾客他需要的产品，并说服顾客认定这就是他需要的产品"。

房地产销售也一样，真正的房地产销售技巧是卖给顾客他所需要的房子，并让他相信这就是他需要的房子。因此，运用销售技巧的一个前提就是房地产销售人员的诚实可信，离开这个前提，任何销售技巧都会变味成为"忽悠"。70岁的老太太根本不需要九楼顶楼的房子，所以任何可能将九楼顶楼的房子销售给70岁的老太太的方法都不是销售技巧。

可以这么说，房地产销售技巧的最高境界就是"信任"。当顾客信任你时，就不需要任何技巧，这也正是"大道至简"的道理。例如，你爸爸找你买一套房子，你还需要对你爸爸用"技巧"吗？开价时还需要比底价开高一点吗？不要，这个道理显而易见。因此，在房地产销售中最有效的技巧就是在与业主及客户沟通过程中，不断地增加他们对你的信赖感，信赖感的建立才是最高深的技巧。信赖感可以说是销售技巧的全部，其他都是对建立信赖感的补充。

自《售馨》出版后，人们对房地产销售技巧掀起了一股从未有过的探索热潮。当时，因为各种原因，有很多销售技巧未写在《售馨》书中，时隔5年，应众多读者的要求，又将那些未曾在《售馨》中讲述过的销售技巧总结、提炼，编写了这本全新的《售馨Ⅱ》，以飨读者。

在本书编写过程中，得到了很多人的帮助，王黛红、林惠玲、吕文乐、龙雁冰、邓珍、梁伟荣、张文艳、谢金香、陈伟、麦丽妍、于佳宝、侯辉、缪锡丽、曾小琼、车云扬等都参与了文稿的整理与校对工作，在此一并向他们表示衷心的感谢。

邓小华

2012年12月于广州

目录

快篇

天下武功，唯“快”不破。今天可以成交的客户绝对不能明天成交。在市场竞争日益白热化的今天，地产中介之间的成交争夺战，已经不再是大鱼吃小鱼的时代，而是快鱼吃慢鱼的时代。任何一张单，稍慢一步，其他经纪人就已经捷足先登了。如何快速接近顾客、快速配盘预约、快速约看、快速逼定成交，已成为战胜对手的最核心技能。

准篇

机会错失了就永远不会再有第二次，每一次都应该看成是生命中最重要的一次，要准确无误地把握。因此，看客要准，推盘要准；介绍要准，逼客要准；谈价理由要准，把握成交信号要准。

狠篇

百花齐放，百招“狠”为上。做人做销售，一定要对自己狠一点；面对竞争对手争单，出招要狠；面对顾客犹豫不决，找准需求，让其狠下决心；面对顾客货比三家，服务要恳，使其“狠”满意。

贴篇

尺有所长，寸有所短，唯“贴”不败。如果你与对方“贴”成一体，就会与其共进退，共存亡。因此，跟顾客要贴，楼盘介绍要贴近顾客的想法，价值塑造要贴近顾客理念，关系建立要贴近顾客身份。

勤篇

天道酬勤，勤能补拙。如何得到客户的始终认可，如何获取业主的永久信任，任何小聪明都是无效的，唯有勤勤恳恳，多看楼、多跟进、多服务，改坐销为行销，变坐以待毙为行之有效。

快篇

第1章 让业主不好意思说“不”的销售线索锁定法

情景1：

经纪人：先生，请坐！请问有什么可以帮到您？

业 主：我在对面　　花园A1栋603的房子想出售，精装修，楼龄5年，7成新，无货款，60平方米，两室一厅。

经纪人：先生，请问您的心理价位是多少？（先了解顾客期望值再出价）

业 主：50万元。（市场价55万元，顾客自己知道卖得便宜，由于急需钱，所以降低售价。但顾客脾气不太好，易发怒）

经纪人：太贵了！（一般经纪人的口头禅就是说“太贵了”）

业主自己知道卖得便宜了，听到经纪人说太贵了，一气之下，走人了。

情景2：

经纪人：先生，请问您电话号码是多少？（顾客说完自己的房屋情况后，经纪人想登记顾客联络方式）

业 主：不用了，我回家想一下，想好了，明天打电话给你。（顾客一边用经纪人的名片敲敲桌子，一边说不想给经纪人电话）

情景3：

置业顾问：先生，麻烦您在这儿登记一下联系方式。（置业顾问带顾

客看完样板房后，引导顾客回到销售中心，经过一番推介后，顾客要走，这时置业顾问安排顾客在前台做一下来访记录）

业　主：不用了，下次来看楼，我打电话给你。（顾客一边同置业顾问说话，一边走出了销售中心）

上述发生在二手房销售及新房销售中的情景，你是否也非常熟悉呢？我们向顾客/业主索要联系方式时，经常被对方拒绝，对方不配合，不愿意给我们电话，这主要是什么原因呢？以情景1为例，当顾客说到“50万元”时，难道我们不应该说“太贵了”吗？50万相对市场价的确不贵，甚至是便宜，但是我们能说“价格合理，不太贵”吗？相信你也非常清楚，这绝对不会是一个合格的经纪人该讲的话。在业主前来委托售楼时，不论他报出的价格是高还是低，我们一定要轻微压价，为日后有顾客真的要买这套房子而打压业主价格埋下伏笔。但是，如果说“太贵了”，对方可能会立即离开，让我们失去一次机会。那么，说“太贵了”不行，说“价格合适”也不行，到底应该如何应对？我们先来看下面这组对话。

经纪人：先生，请问贵姓？

业　主：我姓张。

经纪人：张先生，请坐，先喝杯水。（经纪人一边拉开椅子，一边跑步去倒水）

业主喝了一口水。

经纪人：张先生，您好，我叫　　，这是我的名片，请问可不可以跟您交换一下名片？

业　主：不好意思，我没带名片。（顾客一边接着名片，一边说）

经纪人：不要紧，留个电话也行。（一边说，一边翻开自己的客户记录本）

业　主：我的手机号码是138　　　　　　。

经纪人：张先生，我很乐意为您服务，请问有什么可以帮到您？

业　主：我在对面　　花园A1栋603的房子想出售，精装修……

经纪人：先生，请问您的心理价位是多少？（先了解顾客期望值再出

价）

业　主：50万元。

经纪人：太贵了！

在这种情况下，哪怕业主一气之下走人了，作为销售线索锁定来讲，也是不用担心的。因为经纪人在这之前就已经取得了业主的联系方式。之后，可以在恰当的时间再与业主联系，只要有购楼客户，一般业主是不会拒绝你带客户来看楼的。因此，在锁定顾客销售线索时，应注意以下两个方面。

一、 在相互认识时就要求顾客提供联系方式

第一次接触顾客/业主时，给顾客/业主的第一印象，了解顾客/业主需求等非常重要，但所有这些能继续推进下去的前提是我们有顾客/业主的联系方式，可以主动联络顾客/业主，不断沟通，最后达成销售。因此，在第一次接触顾客/业主时，就可以通过交换名片来取得顾客/业主的联系电话。这样做的好处是，哪怕接下来的接触中顾客/业主对我们有任何不满意而离去，但因为我们已经取得联系电话，就可以通过主动、积极的服务来弥补之前的错误，否则，销售的机会立即消失。

二、 塑造一种让顾客不好意思拒绝的心理

经纪人：张先生，您好，我叫　　，这是我的名片。请问可不可以跟您交换一下名片？

业　主：不好意思，我没带名片。（顾客一边接着名片，一边说）

经纪人：不要紧，留个电话也行。（一边说，一边翻开自己的客户记录本）

这几句简单的对话，其实是运用了心理学的知识。经纪人要求交换名片，对方说“不好意思，我没带名片”，这是什么意思？这是顾客/业主的一种借口，以没带名片来拒绝经纪人的请求。但却表达出一种“假如我带

了名片，我愿意给你名片，不过，不好意思，我恰好没带名片”的意思，也就是说假如自己带了名片，是愿意交换名片的。所以，这时经纪人提出要求“留个电话”，顾客也就不好意思说“不”了。

在这个对话中，还有一个关键点，就是经纪人要敢于提出要求，在对顾客/业主的要求中创造机会，一旦出现机会，就立即提出新的要求，让顾客/业主不好意思拒绝。

因此，经纪人在与顾客/业主第一次接触时，不论在哪种场合，在派发名片时，一定要敢于提出“请问可不可以交换一下名片”这个请求，如果对方没有给你名片，找借口拒绝你时，还要敢于提出“不要紧，留个电话也行”的第二个请求。

第2章 偶尔"故意弄错"式销售也可以取得令人吃惊的效果

情景1：

经纪人：您好，请问是骏丰花园2栋401的业主刘先生吗？（经纪人小刘坐在电脑前一边看电脑，一边打电话）

业　主：是的，我是，请问你是哪位？

经纪人：您好，我是　　地产的小刘，请问您2栋401这套房子卖不卖？

业　主：不卖，请你不要再打电话来了。（说完挂了电话）

情景2：

经纪人：您好，请问是骏丰花园2栋401的业主刘先生吗？

业　主：是的，我是，请问你是哪位？

经纪人：您好，我是　　地产的小吕……（正准备继续说下去）

业主一听是地产中介立即挂了电话。

情景3：

经纪人：您好，请问是骏丰花园2栋401的业主刘先生吗？

业　主：是的，我是，请问你是哪位？

经纪人：您好，我是　　地产的小范……（正准备继续说下去，业主打断了他）

业　主：你从哪儿知道我电话的？谁给你电话的？

经纪人：一位朋友给我的。

业　主：哪个朋友？姓什么叫什么？快说！

经纪人被吓得挂了电话。

相信做过经纪业务的人都遇到过上述销售情景。由于经纪业务的特性，难免要收集一些小区（尤其是自己业务主攻小区）业主电话，然后逐一打过去，询问业主卖不卖楼。而这种电话营销的方式，遭到业主拒绝的可能性非常大。由于许多经纪人不断打电话给业主，有时业主一天可能接到数个或数十个经纪人的电话，他们逐渐失去耐性，一听到是地产公司就挂电话，甚至是辱骂。如何在打电话时降低业主拒绝以及挂电话的几率，让业主接受我们的推销呢？

汤姆·霍普金斯的如何有效解除顾客抗拒的方法中，有一个方法应用到这种情况非常适合。我们先来看下面这组对话。

经纪人：请问是401 房间的刘先生吗？

业　主：是的，我是，请问你是哪位？

经纪人：刘先生，您好！快来拿您那2 万元钱。

业　主：什么2 万元钱？

经纪人：您是骏丰花园48 栋401 业主刘先生吗？

业　主：哦，我是刘先生，也是骏丰花园业主，不过，我是2 栋401。

经纪人：啊！不好意思，我要通知的是48 栋401 的业主刘先生，难道我打错了电话，我明明打的是“138　　　　123”（其实经纪人打的就是2 栋401 业主刘先生的电话，而故意把“138　　　　127”中的最后一位“7”说成是“3”）

业　主：你打错了，我电话后3 位数是127，不是123。

经纪人：不好意思，对不起！不过也巧，刘先生您看，您和48 栋的刘先生都姓刘，都是401 的业主，而且你们的电话只是最后的这个数字不同，真是太巧了，改天我介绍你们认识一下，我敢肯定，全世界都不会有这种巧合了，看来你们很有缘分。

业　主：嗯，有时间再说吧。

经纪人：48 栋的刘先生上星期委托我们将他的房子卖出去，他要卖 95 万，不到一个星期，我们带了近 50 拨客户上去看他的房子，最后，以 100 万收到客户的定金，足足高出市场价 5 万元。这不，我们正准备通知他过来收定金，没想到却打到您这里来了，不好意思，打扰您了。

业　主：哦，没事。高出市场价 5 万元，看来你们公司不错啊。

经纪人：这个当然，我们在附近这些小区经营了 10 年，大概有 30% 的业主都是通过我们公司把房子卖出去的。我们对这一带的房屋买卖那绝对是专业的。另外，我冒昧问一下刘先生，您这套房子有没有准备出售或出租？

业　主：本来是想卖的，不过最近市场好像比较低迷，正在考虑。

经纪人：刘先生，您说得非常有道理，要不我先帮您登记一下，这样可以帮您储备一批客户，一起带上来看，这样对你出售这套房子比较有利。

业　主：哦，那好啊。（于是，经纪人开始登记相关情况，顺利达成委托的目标）

很多时候，业主被大量的经纪人电话打扰，他们对经纪人及地产中介产生了抗拒感，我们很难接近，也就较难达到让业主委托我们出售房屋的目的。而这时，通过“故意式弄错”的方式接近顾客，并在接近中与顾客闲聊，并表达出我们在他的小区附近经营了很长时间，是这个商圈的专家，取得他们的信任，再用“顺便问一下”这句话来过渡，询问业主有没有出售或出租的打算。

这种方法的巧妙之处就在于，通过故意弄错，不会让顾客反感，反而能够获得更多的交流机会，从而达到接近顾客的目的。当我们在遭遇业主/顾客拒绝时，可以换个经纪人，通过这种方法来联系，重启销售。

第3章 一"名"惊人，伸手之间就让顾客再也忘不了你

有一次，我在上海举办一个《开单也疯狂》的高阶售楼技巧培训班，课堂上有一个互动环节，有一位女学员举手示意我要参与。我说："先给你1分钟，自我推销一下，销售产品前一定要先销售自己。"这时，这位女学员开始自我介绍，她说："我叫曹琼，曹是曹操的曹，琼是琼瑶的琼，我是曹操的后人。"听到这里，我突然眼前一亮，立即问道："你平时跟客户是不是这样介绍自己的，说自己是曹操的后人呢？"她说："不是。"我立即纠正说："以后你在介绍自己时，一定要这么说。"试想一下，如果一位客户面前有10位经纪人，其中一位是曹操的后人，而另外9位很普通，不知是谁的后人，你会跟哪一位去看楼呢？相信绝大多数人会选曹操的后人。这就是销售的奥妙所在，人们喜欢名人，便会爱屋及乌。大多数人喜欢曹操的后人为他服务，假如你姓孔，那你在做自我介绍时，一定要沾上孔子的光，这样顾客就会记住你，并乐意接受你的服务。

我在学习汤姆·霍普金斯的销售技巧时，也曾看到过类似的技巧。汤姆·霍普金斯认为，销售人员在与顾客第一次打交道时，非常重要的一个目的是想方设法让顾客记住你，乐意接受你的服务。因此，在递出名片或介绍自己时，一定要设法给顾客留下非常深刻的印象。他有一个叫"谢谢"的名片成交法，他在派发名片给顾客时，会事先在名片的背面用水笔写上大大的"Thank You"，并且是将写有"Thank You"的这一面朝上递

给顾客。每次顾客接到名片后都会惊讶地读出“Thank You”，这时，汤姆·霍普金斯就会接着说：“我猜想在将来的某一天，我有可能会服务于您，因此，在这里提前谢谢您，谢谢。”就这样一张名片，一句“谢谢”，就给顾客留下了美好的印象。

在销售中，一定要记住：名片及自我介绍最重要的目的就是让顾客记住。那么，如何让顾客记住你的名片呢？

一、 把你的名片设计得非常奇特

我花了一年多的时间来设计并不断修改奥锐管理顾问公司业务人员的名片，以便业务人员每次派出的名片不会被顾客扔掉，并会珍藏起来，让顾客记住他们的名字。每次当业务人员把名片递给顾客时，顾客在第一时间会被震撼，迫不及待地打开名片，并认真阅读信息，这就是我所要达到的目的。我曾经做过实验，把业务人员的名片扔到公共汽车站，一转眼，名片竟然不见了。我们业务人员的名片是三叠式设计，第一时间派出名片的姿势如图 3－1，顾客接过名片，自然会打开，名片的呈现如图 3－2，当顾客阅读完，一般会打开第三页，如图 3－3。

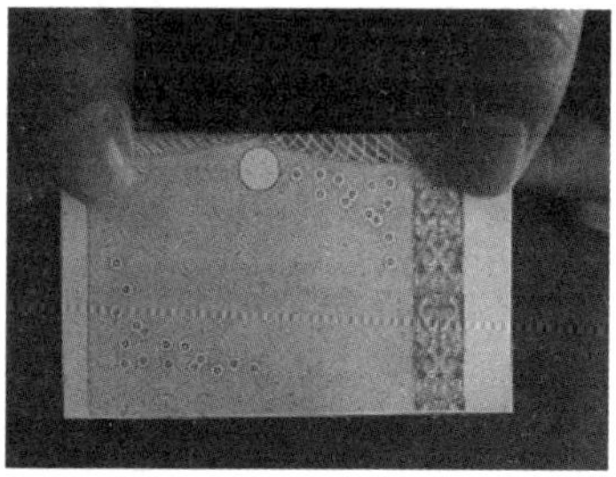

图 3－1

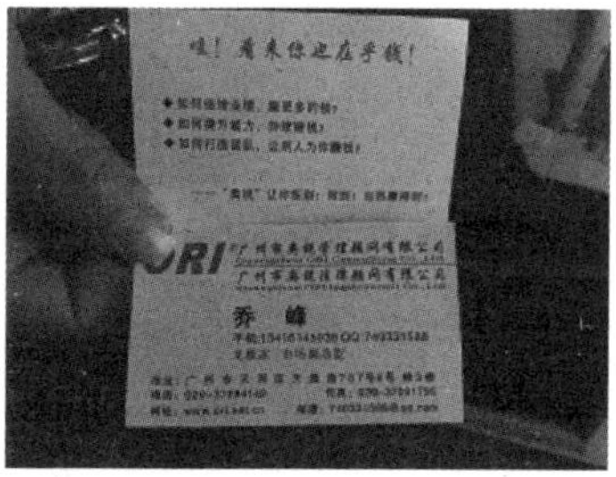

图 3－2

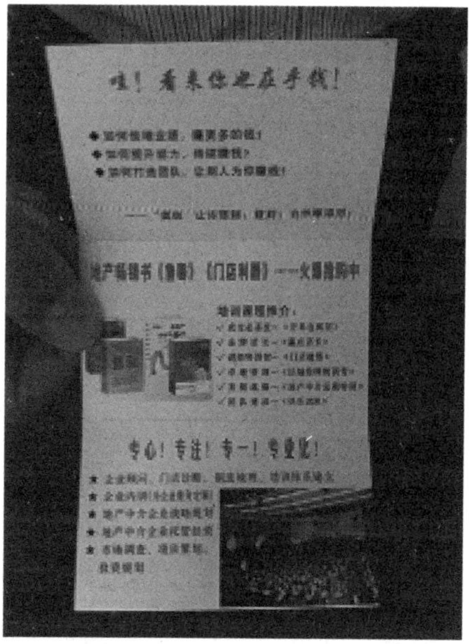

图 3－3

二、 名片对别人有好处

售楼人员在推销过程中，一定要有行销的头脑，想尽办法让顾客保留并珍惜你的名片。除了上述方法可以达到这个目的外，我在地产门店管理课《赢在店长》课堂上，曾指导学员如何设计名片，让学员充分利用好名片的背面，在背面印上一些自己门店所在商圈对住户生活非常有帮助的便民电话，以此来让住户们保留名片，当他们有卖楼需求时，自然会想到你的名片（见图3－4）。

图3－4是一张双叠名片的打开面，它的前面及背面没有什么特别，但打开名片，客户往往会被这些对自己日常生活有帮助的便民电话所吸引。这张名片的背面（如图3－5)，是东莞常平镇上所有酒店的联系电话，方便前来这个镇上开厂考察的客户，所以容易被顾客保留。如果你在名片背面印上一些对顾客有用的电话等，一般也容易吸引顾客。

凤凰城电话一览表		
一、饮食	煤气公司：82801166	汇德宝：32912222
麦当劳：82973008	财务处：82801138	尖　东：82699188
新源美食村：82801207	学校：82800899	红白蓝：32913555
声雨林：82801217	康体中心：82801020	七、其它：
御香坊：84598866	警务室：82909077	增城地税：82629733
鱼米之乡：82803303	三、士多送货：	增城房管局：82629802
可乐馆：82808805	交通中心超市：82801117	新塘交警：82769011
湘村馆：82805948	凤仪苑：82800911	怡宝送水：82807995
河鲜坊：82805717	凤湖苑：82804025	订机票：82601005
日本料理：82805893	凤翠苑：82801115	鼎湖送水：82801993
采善居：82800890	四、酒店：	东门送花：13631463839
水煮鱼：82803409	凤凰城酒店：82808888	第一站洗车：82980001
名典：82800289	新好景：82704888	家政：88133382
228西餐厅：82809001	凯旋门：82707888	
兰州拉面：82809455	太阳城：82706888	
桂林米粉：82801901	聚福楼：82771928	
砂煲粥：82803189	五、银行：	
水煮鱼：82803409	中行：82801268	
北方饺子：82805991	农行：82801231	
蒙古人家：82805596	工行：82706273	
二、查询：	建行：82809631	
管理处：82801111	六、酒吧：	
售楼部：82801888	加洲红：82709888	

图3－4

常平镇各区酒店一览表

匯美酒店：83918888	梵爾賽酒店：83816888	匯華酒店：83938888	麗城假日酒店：83398888
君悅酒店：83819888	海霞酒店：83815222	司馬假日酒店：83391888	雅翠酒店：83815868
常平廣場酒店：83337788	升平酒店：83812888	富隆酒店：83999888	鑽石酒店：83333638
雄獅酒店：83332198	雅蘭酒店：83915338	悅華酒店：83336888	金葉酒店：83330998
華泰酒店：83758888	天鵝湖酒店：83338388	麗華酒店：83339888	門島酒店：83988888
盈豐酒店：83333333	好運酒店：83399999	東海酒店：83335023	恒隆酒店：83339928
荔香樓酒店：83331138	錦銹酒店：83910668	華宇酒店：83501888	富豪酒店：83998888
新港酒店：83331000	悅凱酒店：83398808	新世紀酒店：83338888	麗景會酒店：83918788

图3－5

三、 利用名片背面制造悬念

在我做经纪人的时候，也使用过在名片背面写上大大的“Thank You”的方法，不同的是，我在名片背面写的是一些大大的“998”“997”等阿拉伯数字。当然，也是将写有这些阿拉伯数字的一面朝上给顾客。顾客看到后，都会惊讶地问：“这个数字是什么意思?”这时，我会说：“您是我今年接待的第998个顾客，我猜想我一定会帮您找到理想的房子，谢谢您，谢谢。”就这样，给顾客留下深刻的印象，并让顾客感觉到我是一个很棒的经纪人，有这么多顾客（见图3－6、图3－7）。

图3－6

图3－7

有一位参加过我们培训的一手写字楼置业顾问，在他的名片背面写上一个大大的“15%”，每次顾客问他什么意思时，他就说：“我们写字楼用了一种新型的镀膜环保玻璃，能有效地反射太阳光，玻璃的热传递效应大大降低，阻止写字楼里面与外界的热交换。在办公室开空调时，可以省下15%的电。”每当他说完这些，这个环保写字楼就立即被顾客深深记住了。

第4章 第一次接触顾客时如何在30秒内吸引顾客注意力

情景1：

经纪人：先生，您好！请问有什么可以帮到您？（一位先生在橱窗前看广告，经纪人跑出去问他）

顾　客：随便看看。

经纪人：哦，请随便看，这是我的名片。（经纪人一边说一边递上名片）

顾客在橱窗前看了不到30秒就立即走了。

情景2：

经纪人：先生，您好！请问有什么可以帮到您？（一位先生在橱窗前看广告，经纪人跑出去问他）

顾　客：请问这套房子怎么样？（顾客用手指着橱窗上展示的一套房源）

经纪人：这套房子刚刚卖掉。（因为这套展示房源是假的，所以经纪人这么说）

顾客听到这里，立即离开。

从上述两个情景来看，经纪人在与顾客接触时，都没有成功。主要原因是顾客没有兴趣。情景1中，顾客说“随便看看”，表明此时他的内心对经纪人是设防的，“随便看看”是“不要过来打扰我”的意思。如果此时经纪人能够抛出一些让顾客感兴趣的话题，顾客的注意力就有可能被吸引过来，达到接近顾客的目的。比如，你可以对顾客说：“昨天有一个业主要出国，在我们这里放了一套房子，不知道您有没有兴趣进来了解一下？”这时，大多数人都会有兴趣进来了解，经纪人也就达到了接近顾客的目的。

在情景2中，顾客指着房源问情况，这表明他对这套房子有兴趣，而经纪人却说已经出售了，这时顾客的兴趣自然会立即消失。正确的做法是，告诉顾客这套房子是可以卖的，不过要预约业主前来开门，这样能有效地吸引顾客注意力，从而取得顾客电话，在之后的沟通中转推其他房源。

在日常销售中，第一次接触顾客时，如何才能快速吸引顾客的注意力呢？

一、 抛出有便宜可占的信息

经纪人：先生，您好！请问有什么可以帮到您？

顾　客：随便看看。

经纪人：昨天有一位业主因工作调动要到北京上班，在我们这里放了一套房子，不知道您有没有兴趣进来了解一下？（顾客立即进入门店，经纪人开始接待）

为什么顾客听到“因工作调动要到北京上班，在我们这里放了一套房子”就立即变得有兴趣？其实，这是人之本能，工作调动到北京而卖房子，说明业主会比较急，比较急的情况下，买家就可以趁机多砍点价，占点便宜。因此，顾客一听到这儿，不管房子合不合适，先进来再说。这与经纪人说“昨天有一个业主要出国，在我们这里放了一套房子，不知道你有没有兴趣进来了解一下”背后的心理动机是一样的。因此，当顾客在接触中表现出抗拒时，经纪人可以通过释放一些“有便宜可占”的信息来吸引顾客的注意力，以达到快速接触顾客的目的。例如，业主出国卖房；业主工作调动，要处理房子；包工头卖开发商抵债房发工资；业主生意周转急售，必须在这个月内套现；业主卖房治病；业主在离婚前处理房地产，等等。当顾客说“随便看看”，表示抗拒时，我们抛出这些话术，可立即吸引顾客注意力。

二、 制造悬念吸引顾客注意力

经纪人：先生，您好！请问有什么可以帮到您？（一位先生在橱窗前看广告，经纪人跑出去问他）

顾　客：请问这套房子怎么样？（顾客用手指着橱窗上展示的一套房源）

经纪人：先生，看得出来您非常有眼光，橱窗上面展示了这么多盘源，您怎么一眼就看中了这套？（经纪人故意用惊讶的眼光看着顾客）

顾　客：哦，这套房子怎么样？（顾客听完经纪人的话，觉得这套房子很不错，兴趣更高）

经纪人：这套房子啊，刚刚带顾客看完，有入户花园，18 平方米。先生，您知不知道，入户花园在房地产证上是按一半面积来计算的，也就是说有 9 个平方米是不要钱，送给您的。（经纪人看到顾客有兴趣，故意只抛出一个房屋卖点来增强顾客兴趣，而房屋的详细情况则不说，吊住顾客胃口，让他渴望了解并去现场看这套房子，而且用“刚刚带顾客看完”来强调房子很抢手）

顾　客：哦。

经纪人：先生，您看是现在立即跟我上去看房，还是进来喝杯水再去看？（用二选一问句让顾客立即看楼）

顾　客：走吧，去看看。

在这段对话中，经纪人用“先生，看得出来您非常有眼光，橱窗上面展示了这么多盘源，您怎么一眼就看中了这套”来塑造一个悬念，表明这套房子应该很好，但到底有多好，没有说，引起顾客强烈的欲望，这就是第一次接触顾客时，通过“制造悬念”来引发顾客兴趣。此外，经纪人也可以用这样的对话来制造悬念。例如，顾客说：“请问这套房子怎么样?”经纪人回答：“今天怎么这么多人问这套房子?”（经纪人故意用惊讶的眼光看着顾客）也同样可以让顾客觉得这套房子非常不错，但到底怎么样，却很想听经纪人说。类似的话术有很多，例如，您是今天第5位问这套房子的人了；先生，看得出来您很内行，这段时间问这套房子的人都是很内行的人；等等。

三、与众不同，让顾客有兴趣与你交往

汤姆·霍普金斯在开始做房地产经纪人时，几乎所有的房地产经纪人接待客户时都穿西装、打领带，可那时的他因为没有钱买西装，第一次见客户穿的是一套运动装。没想到，这恰好给顾客留下了深刻的印象。于是，他在接下来的销售中，经常用与众不同的方法来加深顾客的印象，就像前面说到的名片成交法等。在日常生活中，我们对生活中的各种场合、场景都有一个自我认知，当有人做得与你认为的不一样，或与大多数人不一样时，你的注意力就会被吸引。比如，一个建筑公司的总经理回忆他为什么能从一名普遍的工地施工员晋升到目前位置时说道：“当时的施工员都穿蓝色衣服上班，唯有自己穿红色衣服上班，领导每次来检查，第一眼就会看到自己，当然也是因为自己做得非常出色，所以不断被提拔。而同期做得非常出色的人有不少，但由于淹没在蓝色衣服中，没有被领导看见。”由此我们不难理解，为什么有些男艺人演出时还穿裙子。

但有一点要切记，在寻求与众不同时，你的所作所为也要符合顾客及社会的普遍价值观，不要跟社会普遍价值观相冲突，让顾客产生厌恶。

第5章 让顾客迅速达到购楼巅峰情绪的标签法

有位陈姓朋友给我讲述他的大学趣事，我觉得对于我的销售工作很有启发。他有一位周姓同学，为人小气，每次同大家一起出去吃饭他都不主动埋单，到了要埋单的时间，他就拿着手机走开了，埋单后，他的电话就立即打完了。大家一起去看电影，买票时，他就忙着锁单车，怎么锁都锁不上，电影票一旦买好，他的单车也就锁上了。有一次，大家一起出去吃饭，周姓同学也参加了，大家决定整他一回，于是挑选了一家不错的餐厅。大家入座后，陈姓朋友立即按住周姓同学的头，狠狠地拔他的头发，拔不下来。于是，众人一起大笑，说道："一毛不拔。"周姓同学很不好意思，抓住一根头发狠狠地拔下来，说道："谁说一毛不拔，这不是拔下来了吗?"大家大笑，立即点菜，把好吃的菜全点上了，美美地吃了一顿。到了埋单时间，大家不约而同地拿出手机，周姓同学很尴尬地去埋了单。结果吓了一跳，600多元，他近一个月的伙食费一顿饭就花完了。

在房地产销售中，这种让人一下子达到不得不做决定的情绪的"标签法"有着非常广泛的运用。有一次，我接待一位40多岁的男士，有点秃头，戴着眼镜，一副知识分子的样子。一见面我就与他拉关系，说他长得很像我大学的刘教授。对方一听自己长得像教授，开心得不得了。于是，我就告诉他我以前在大学念书时认识的刘教授是如何对人友善，做事果断，绝不拖拉。还说自己陪刘教授去买汽车，他买车时，价都不砍，是个非常爽快的人。其实，我说他像刘教授，又说刘教授是如何的好，是让他觉得我在说他也是一个好人一样，他也会不断地确认自己就是这样一个好人。大家在非常愉快的氛围中一起去看楼。后来，他喜欢上了一套房子，我帮他与业主协调，最后达成交易。在签约确认佣金支付时，他忽然提出要我给他打折，我笑着跟他说："这一点您可不像刘教授啦，刘教授可是个非常爽快的人，从不砍价。"我这么一说，他立即变得不好意思，不再要求佣金打折了。

无论在生活还是销售中，如果你想让某人按你的想法去做事，你就先给这个人划个类别（崇高的类别），让他自己确认他就是这种类别的人。一旦他确认自己是这种类别的人时，他在你面前自然就会表现出这类人所拥有的行为特征，也就正好满足了你的需要。在销售中，称为"标签法"。使用"标签法"的关键是先在顾客身上贴上"标签"，然后对"标签"所必须拥有的行为特征下定义，让对方认同。顾客为了让你觉得他自己是这类崇高的人，自然就会强制自己表现出这种对应的行为特征。

下面我们列举一些成交案例，供大家思考，以便更好地使用这种"标签"成交法。

有一次，我的一位下属经纪人陈小姐接待了一位女企业家刘女士前来看楼。这位刘女士的企业做得很大，有120多个员工，她雷厉风行，做事非常果断，属于"女强人"这一类。于是，经纪人陈小姐就与刘女士攀关系，说她年轻，称她为刘姐，刘女士非常高兴。在交谈中，经纪人陈小姐用非常羡慕的眼光看着刘女士说："刘姐，我觉得您是我们女性的楷模，我要是能像您这样多好啊。您看，您在公司说了算，在家说了算，在任何地方都说了算，我要是能像您这样，在哪都说了算那就好了，以后再也不用担心东西买贵了回家被老公说。"刘女士听了非常高兴，对陈小姐说道："这也没什么，只要你努力，以后也可以这样的。"陈小姐听完后趁机说："刘姐，您可要教我，要不我拜您为师吧。"刘女士听后更加高兴。于是，在日后的看楼过程中，经纪人陈小姐多次给刘女士定位，说她是女性楷模，在公司说了算，在家说了算，在任何地方都说了算，而刘女士每次也都非常乐意接受这个定位。在最后一次看楼时，她看上了该套房子，虽几经周折，但对最后给出的价格也没有太大异议，于是，经纪人陈小姐对刘女士说：“刘姐，要不这样，您回去跟您先生商量商量。”在这之前，刘女士还陶醉在“在公司说了算，在家说了算，在任何地方都说了算”的定位中，一听到陈小姐建议她回家同先生商量，立即就说：“不用商量，定金是要交现金，还是刷卡？”于是，该套房子顺利成交。

另外一次，我在带顾客看楼时，有位顾客李先生看上了一套房子，经过几轮砍价，价格还是没有谈拢。最后，李先生决定带他太太再看一次，然后做决定。我陪李先生夫妇看完楼后，李先生像做最后通牒似的还了一个价，说130万就买，多一分钱都不买（刚好业主的底价是130万，之前我一直坚持说132万），于是，我要李先生签“承诺购买协议”，李先生以“没带钱”来拒绝我。我当时想，购买是一瞬间的事情，如果明天再让李先生来签署这份协议，他不一定还喜欢这套房子，所以无论如何今天一定要让他签字。于是，我大声说道：“李先生，我听您单位的人说过，您是一位一诺千金的人，没什么比您的签字值钱的，您在这里先签个字就行。”于是，我把文件递给李先生签名并不断提起我对他单位的了解，强调所有人都说李先生是位一诺千金且非常爽快的人。等李先生一签完名，我立即对他说：“李先生，我知道您是一位爽快的人，您看您这诚意金是我同您一起回家取？还是去银行取？”李先生还沉浸在他是一位“一诺千金、爽快的人”的定位中，结果在我一再追问之下，爽快地说：“要不你跟我跑一趟，到附近的银行取款？”

还有一次，有位朋友周小姐打电话给一位业主，想了解业主房屋情况，可能业主之前被很多同行骚扰过，一听周小姐是中介的，立即破口大骂，吓得周小姐立即挂了电话。因为这套房子是我们的意向客户所需要的户型，所以我们非常急切地要开发这类房源。如何让业主乐意与我们接触呢？于是，周小姐编了一条短信发给了该业主，短信的内容大致如下：张先生，我听同事说您是一位非常有素养的男士，您友善、乐于助人，我特别尊重像您这样的人士，改天有机会打电话请教您。　　中介，周　　。短信发出的第二天，周小姐再次打电话给这位张姓业主，结果张先生态度完全不同，不但没有骂人，还高兴地与周小姐聊了起来，周小姐也就顺利地成功开发了这套房源。

第6章 让顾客自动成交的“聚焦带看”术

一位石油大亨到天堂去参加会议，一进会议室发现已经座无虚席，没有地方落座，于是他灵机一动，喊了一声：“地狱里发现石油了!”这一喊不要紧，天堂里的石油大亨们纷纷向地狱跑去。很快，天堂里就只剩下他一个人了。这时，这位大亨心想，大家都跑了过去，莫非地狱里真的发现石油了？于是，他也急匆匆地向地狱跑去。

这则幽默故事反映的是一种“羊群效应”，也称之为“从众效应”，是市场营销中一种常见的现象。它是指由于信息不充分或缺乏了解，消费者很难对市场未来的不确定性做出合理的预判，往往是通过观察周围人群的行为而提取信息，在这种信息的不断传递中，许多人的信息大致相同且彼此强化，从而产生从众行为。有人做过实验，一群羊关在羊圈里，在羊圈的出口横放一根木棍，羊要出圈吃食，就必须从木棍上跳过去，第一只羊跳了过去，第二只、第三只也会跟着跳过去。这时，有人把那根棍子撤走，后面的羊走到这里，仍然像前面的羊一样，向上跳一下，尽管拦路的棍子已经不在了。因此，这种从众心理就叫“羊群效应”，它反映的是由个人理性行为导致的集体的非理性行为的一种非线性机制。在“羊群效应”的影响下，人们的选择往往是跟随大多数人的选择，甚至会主动放弃一些更好的选择。

在房地产营销上利用好“羊群效应”，会取得事半功倍的效果。例如，在新房销售现场营造人气最容易引起“羊群效应”。很多经纪公司会在推盘过程中很好地使用“羊群效应”，在开盘选房时，用大喇叭不停地播报“某某号楼的某个房间已被认购，请未认购的客户认购其他房子”，将销售的信息放大，利用信息的不对称，将旺销的信息充分传播，让客户之间形成竞买心理，尽快下定，而对于放弃认购的客户肯定是只字不提。在现阶段的新房销售中，类似的案例仍然存在。例如，目前有少数开发商雇用“房托”营造气氛，虽然这种做法很不值得提倡（因为这已经是严重的造假行为，如果客户认为你在营销上造假，谁还会相信你在房屋质量上不会造假呢），但它的确给开发商带来了良好的销售业绩。此外，有些开发商也会在开盘时采取先到先得的办法，并同时提供大单优先认购策略，让客户的抢购气氛更浓，形成“羊群效应”，创造淡市旺销的经典案例。

“羊群效应”的最高境界就是能够抓得住头羊，有一个开发商曾提出一句广告词：“你住的房子档次高不高，不取决于你房子的形式，而是看你和谁住在一个小区”（模仿旅游卫视一个节目的广告词“世界有多美，取决于您和谁一起去欣赏”）。言下之意，如果你不买，就是不识货，跟不上名人的生活方式。有了头羊的带领，“羊群效应”自然会更加明显。

二手房销售相对新房销售，房源不集中，客户分散，很难像新房这样通过广告轰炸短期内聚集大批客户形成“羊群效应”，但通过强大的门店网络，在一定时期内聚集一批客户在某个时间点上集中带看，形成“羊群效应”也是有可能的，而且往往可以取得非常好的成交效果（一般要选取“笋盘”或目前市场上需求较大的房源）。一些稍有规模的公司的区域经理往往会每个星期组织一至两次“聚焦带看”，以形成“羊群效应”，从而达成销售。有一位地产中介的朋友在运用这类“聚焦带看”上可谓造诣颇深，每次组织“聚焦带看”时，都能组织起一二十组客户，但是近二三十人的看楼队伍是无法在同一时间进入业主房屋内看楼的，只能在门口排队等候。进去的客户看完后，只要有兴趣，说“太贵了”或“可不可以少点”等话语时，经纪人都会提醒他到外面商量，后面还有人等着要进来看。于是，带着客户赶紧走出房门，大喊一句“下一位”。就这样，紧张的气氛很快就营造出来了，成交概率非常高。

使用二手楼销售中的“聚焦带看”方法要形成“羊群效应”须注意如

下三个方面。

一、 聚焦盘源的选择

聚焦盘源的选择要注意如下几个方面：①选择优质盘源，性价比要高，这样容易成交；②选择目前市场上需求较多的盘源，这类盘源需求客户多，较容易聚客；③最好是钥匙盘，钥匙盘容易控制现场，否则，业主看到这么多客户容易现场涨价。

二、 聚焦时间的选择

聚焦时间的选择应遵循如下两个原则：①以星期六、星期日为佳。这两天客户看楼时间较充裕，容易聚集更多的客户；②下午三点至五点之间为宜。早上看楼的人一般较少，尤其星期六、日，一般人起床较晚。中午两点半前，有些人有午休的习惯，尤其是被“聚焦带看”房屋的邻居，如果这些人正在午休而被打扰，投诉到管理处，以后则很难在该小区组织“聚焦带看”。

三、 与物业管理处建立良好关系

有些较高档小区的物业管理较严格，大批客户进入该小区集中看楼有时会遭到管理处保安的干扰，从而无法形成“羊群效应”。因此，店长及区域经理在日常工作中要同商圈内小区的物业管理处建立良好关系。

图6－1 “聚焦带看”现场

图6－2 “聚焦带看”现场

注：图片来自于网格

第7章 如何让自己的顾客量实现爆炸式增长

有一次，参加一家公司的季度业绩启动大会。大会上，总经理慷慨陈词，员工也被激励得热血沸腾，他们最后设立了2000万元的季度目标。会议结束前，总经理为了表达自己对完成目标的信心，站在讲台上向大家表态说："第3季度一定要完成2000万元的目标。"他一边说话，一边走到会议室边上，打开窗户说："如果完不成2000万元的目标，我就从这里跳下去（他们公司在24楼），请问谁跟我一起跳下去？"总经理话一说完，整个300多人的会场顿时鸦雀无声。沉寂几秒钟后，突然有一个人举手说："总经理，我跟您一起跳下去。"之后，还有另外两人也举手说："我们跟您一起跳下去。"

当时，我觉得这位总经理太过分了，同时，也觉得这三名员工太趋炎附势了。开完会后，我就找到这三名员工单独聊了聊，我问道："万一完不成2000万元的目标，你们真的要从24楼跳下去？"其中一名员工回答道："这个您放心，总经理说要从24楼跳下去，我相信他一定有办法，我按他的办法跳下去一定不会有事的。"第二名员工回答说："23楼也是我们的办公室，我捆根绳子，从24楼跳到23楼平台上，就一层楼，不会有事的，就是刮风，捆着绳子也吹不走。"第三名员工则回答："我带上降落伞跳下去，不会有事的。"由此，我猜想这三名员工在第3季度一定会想方设法去完成任务的，因为他们答应了总经理，完不成就一起跳下去。当总经理问道谁跟我从这里跳下去时，他们举手了，这就迫使他们想办法要以怎样一种安全的方式跳下去。我可以保证，那些没有跟着举手说一起跳下去的人，他们甚至连想都不会去想如何从 24 楼跳下去。

在房地产销售中也是这样，当总经理或上司下达一个业绩目标时，如果我们像军人一样表态说："是的，保证完成任务。"可以肯定的是，不管最后有没有完成任务，我们一定会想方设法去完成。而如果你的回答是："老板，我会尽力完成"，或者"老板这个目标有点高，不过我会努力"等。可以肯定的是，你不会全力以赴，完不成目标的可能性非常大。

在我的培训课上，我经常强调一句名言——目标决定策略，一个人的目标将决定他做事的行为（即做事策略）。如果你的目标是一天赚 1 元钱，那你完全没有必要上班，每天走路时好好盯住脚下就行，你会经常捡到 1 元钱；如果你的目标是一天赚 10 元钱，那你也可以不用上班，直接上街乞讨就行了，一天赚的钱远远超过 10 元；如果你一天要赚 100 元，其实一点也不难，随便打份工，甚至在工地上搬运沙石，就可以赚到 100 元；如果你一天要赚 10000 元，那你一定要有自己的事业，做得成功了，一天赚 10000 元也不难；但如果你一天要赚 10 亿元，恐怕只能去抢银行了，而且还不能是一般的银行，得中央银行。由此看来，一个人要成功，最重要的是先设定好自己想要的目标，这样才具备成功的前提条件。有句话非常有道理，"如果你想成为亿万富翁，就得像亿万富翁那样去思考"。也就是说你先得有个目标，然后根据这个目标决定要采取怎样的策略。

因此，我们在开展业务时，要奉行"决心第一，成败第二"的信条，先设定一个目标，为了达到这个目标我们就会开动脑筋想办法。比如，我们在开展房地产销售业务时，一天要增加几个客户？我们应如何设定自己的新增客户目标？一般来说，很多地产公司对经纪人的要求是一天增加一个客户，这大概是行业平均水平。作为房地产经纪人的你，是要拿行业平均收入，还是要超出行业平均水平，你需要设定不同的客户目标。

如何一天新增 50 个客户，甚至一天新增 100 个、200 个客户？每次我在《功夫店长——快速打造超级战斗力门店》培训课上问及听课的店长们时，听到最多的一句话是"不可能"，在我解释"目标决定策略"原理后，他们才恍然大悟，明白要敢于设定高目标来激发自己的业务潜能。以下一些方法可以让你一天新增50个客户，甚至100个、200个客户，或者说这些方法一定可以让你的客户量发生爆炸式增长。

一、利用新房的购房团活动开发客户

开发商在销售新房时，经常会在一些房地产网站做广告，如搜房网、新浪乐居、搜狐焦点房地产等，这些房地产网站为了突出他们的网站效果，线下还会组织一些团购活动，通过会员形式组织一大批购楼者到广告中涉及的楼盘去看楼。参加这些团购的客户是非常精准的购房客户，他们希望购买新房，但如果二手房合适，他们也一样会购买，新房和二手房之间是替代关系。如果你手头的客户不多，你也可以报名参加这些网站组织的购房团，认识该购房团的成员，这就是你的新增客户，日后有可能会成为你的成交客户。

二、驻守，利用好竞争对手的“聚焦带看”

在市场竞争中，一定要知己知彼。如果竞争对手在某小区搞“聚焦带看”，你就可以在该小区门口驻守或举牌展示房源，吸引前来看楼的客户，从而捡到对手的客户。

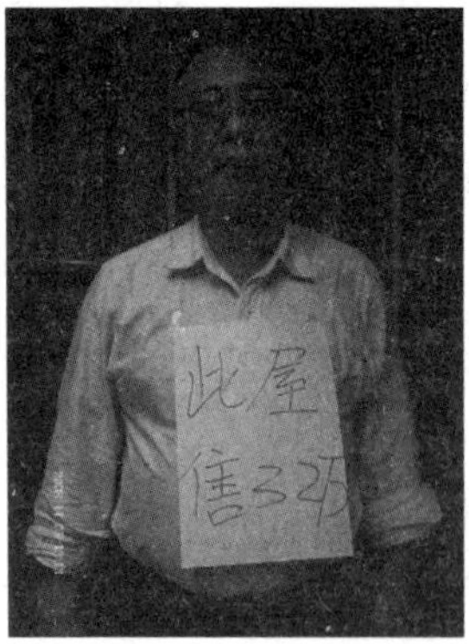

图7-1　驻守

图7-2　驻守

第8章 世界上最疯狂的房屋销售会是怎样的

美国有一位非常敬业的推销员，但他很不幸，父母因病双双去世。他在伤痛之余悲观失望，想随父母而去。当他来到桥上，想跳桥自尽时，来了一位警察，这位警察也是位有敬业精神的人。他把推销员拖下桥栏，对他说："我的责任是不让人无谓地死去。"推销员想死又死不了，他知道，要活下去就得工作，就得推销自己的产品。于是他将救了他的警察定为自己的推销对象，向他推销自己的产品——棺材。他连续向警察介绍了半个小时，最后这位警察写了封信交给推销员（一封遗嘱，交代他的妻子一定要买该推销员的棺材），然后一手推开推销员，迅速跨过桥栏，跳向桥下。

在房地产销售事业中，一个人长期业绩的好坏，其实跟这个人对该事业的喜爱程度有关。如果你热爱你的售楼事业，经过一段时间的努力，相信一定会取得非凡成就；如果你认为售楼只是为了一日三餐，那你可能一辈子也就只能糊口。每个置业顾问及房地产经纪人对于自己的职位都应该这样想：我投身于销售房屋是为了自己，但也是为了自己的梦想而工作。你努力工作，工作回报给你的不会仅仅是不断增加的薪水。如果你把工作本身看成是一种学习的良好方式，而且也是提升自己生存能力的途径，那么，你的每一份工作对你而言都充满了巨大的机会。换一个角度来说，如果你以这种方式来看待你现有的售楼工作，那么，你的工作本身就已经充满激情。

“最好的房地产销售业绩总是由那些头脑聪明并具有激情的人来完成的”，一旦我们对这份销售工作有了激情，我们就会不知疲倦，随时随地销售我们所代理的房屋。在日常的房屋销售工作中，除了要喜欢并热爱自己的工作外，我们应该如何对待售楼工作呢？

一、 主动派发自己的名片

很多销售人员除了在售楼部或中介门店派发自己的名片外，在其他场合基本上不会派发名片。这绝对不是一个热爱自己工作的销售人员应有的特质，一个人热爱自己的销售工作，一定会在各种场合派发自己的名片，让自己遇到的每个人都知道自己在卖楼。

我有一位朋友孙先生有一次骑摩托车闯红灯，被警察拦下来。他把车停到路边，下车后做的第一件事就是给了警察一张名片，并感谢警察，说他自己可以保证以后为这位警察服务，在这里提前谢谢他，这一举动让警察着实吓了一跳；另外一位朋友则是因为在参加朋友爷爷的追悼会上发名片而成交了一位顾客；此外，也有不少做地产的朋友在参加子女家长会、朋友婚宴、旅游团时，派发名片认识其他家长、朋友，并成交的案例。所有的这些成功案例说明一点，随时准备好名片，在任何时间、地点，只要有机会，均要派发名片，创造不断认识更多顾客的机会。

二、 养成敢于向朋友推销的习惯

我在对保险业、直销业进行研究后发现，几乎所有的保险、直销从业人员成交的第一批客户绝大多数都是自己的亲朋好友，这些亲朋好友对当事人非常熟悉，了解他们的为人，很容易被说服。而房地产销售员成交的第一批客户中，自己的亲朋好友则不多。其实，每位经纪人在自己工作的城市所拥有的亲朋好友平均有 50 人以上，有些甚至更多，有二三百人以上。这些亲朋好友其实也要买楼，如何利用好这些绝佳的客户资源，为自己的售楼事业服务，我觉得以下几个方面需要注意：

1. 定期（每月或每季度）用纸列出自己在本市的亲朋好友名单。

2. 发短信或打电话联络，告诉他们你在哪个区域做房地产中介，告诉他们要买房或卖房可以直接联系你。

3. 偶尔也可以打电话要求他们帮你一个忙，转介绍他们要买楼或卖楼的同事给你认识。

三、 养成随时推销的习惯

我有位下属刘先生，在春节回家的火车上坐在他旁边的人，他也要派发名片认识，并问他下一年在本市有没有买楼或卖楼的计划，竟然还真的成交了。他的售楼信念是“走过，路过，绝对不放过”。我在重庆开销售培训班时，举了这个案例，一位黄小姐听完后，在中午回家吃午饭的公交车上，从第一个座位派发名片到最后一个座位，竟然在这辆车上认识了两位要买楼的客户。

真正热爱自己售楼工作的人就是这样，随时准备好，并随时去销售。一位广东珠海市的房地产中介老板赵先生，他的“随时推销”精神还让他找到了人生的另一半。有一次，他同一帮朋友去 KTV 唱歌，经介绍认识了一位朋友的妹妹，该女孩看他拿了一个手包，装得鼓鼓的，就觉得这个人有点儿土，出来还带那么多现金，而不用卡。没想到，我这位朋友却告诉她说里面是做房地产中介“贴条”用的小纸条，等下唱完 KTV，还要去贴条。这位女孩不相信一位老板还要去贴条，更何况是唱完 KTV 后。后来，这位赵老板用实际行动证明了他的话，这位女孩也被他的敬业精神感动，后来成为了他的太太。

一个优秀的房地产销售人员，一定是一个养成了随时推销习惯的人，在任何时间、地点都不会忘记自己要卖的房子，只要有机会就会开展自己的售楼工作。

第9章 如何利用特殊事件瞬间推倒顾客观望心理的多米诺骨牌

2011年3月11日日本发生的大地震，引发了海啸，造成日本福岛核电站的核泄露。这本是自然带给人类的一次天灾，给日本造成了巨大的损失。但我国却由此引发了一场人灾，由于对核泄露的担心，全国掀起了一场抢盐风波。一时间，全国各地的人们都在超市、便利店里寻找盐的踪影，不法分子趁机哄抬盐价，不少人高价抢购回好几年用不完的盐。有则笑话说："有位记者去超市采访抢购盐的人，他看到几乎所有人手里都提着盐，但有一位60多岁的老太太却非常淡定地在那里选苹果，记者跑过去问她：'老太太你怎么不去买盐？'老太太却说：'上次非典时期抢购回来的盐还可以用上10年，这次就不用抢购了。'"

这则笑话表明，由于人们缺乏安全感，一旦社会、市场有什么风吹草动，许多人的从众心理便会泛起。就日本福岛核泄露导致全国人民抢盐这一事件而言，已不是全国人民第一次抢盐活动了，非典期间，人们也抢过一次盐。这种由于某个特殊事件，导致人们对市场预期发生偏移，最终引发大规模从众行为的事件，被心理专家认为是自我的不完善和性格缺陷造成的，导致人们极易受到暗示；也有的学者称这是因为心理比较脆弱，生活缺乏安全感，从而导致对外部信息的盲从。不管是哪一种说法，都印证了一个颠扑不破的真理——当一个特殊事件发生后，由于人们对它可能引起的负面效应的不确定，极容易产生从众心理。在房地产销售中，也经常发生一些特殊事件，如果能合理地利用好这些特殊事件效应，或许会促进我们的销售良性发展。

一、 合理利用新闻中的特殊事件

我有一位朋友周先生在卖一套天河育蕾小区的房子时，就是运用了上述特殊事件的原理，从而非常顺利地让业主让价 8 万元并快速成交。在广州亚运会前夕，政府免费给不少业主的房子进行了“穿衣戴帽”工程，而在这个“穿衣戴帽”工程中有些楼房使用了泡沫材料。鉴于上海“11·15”大火就是因为聚苯乙烯泡沫燃烧引起的，广州市建委迅速反应，立即对广州市 919 项“穿衣戴帽”工程进行拉网排查，使用泡沫材料的工程是重点排查对象。与此同时，不少报纸也在报道这些情况。其中广州的《南方都市报》报道了一位天河育蕾小区一街的业主捡到一小块被混凝土包裹的蓝色泡沫砖进行试验，在一个密闭空间里，用打火机点火，接触火焰瞬间，蓝色泡沫就剧烈燃烧起来，10 秒钟不到，整块蓝色泡沫几乎被烧干净，剩下一些黑色的残渣附在混凝土块上。在燃烧过程中，泡沫产生黑色的浓烟，并散发出刺鼻的气味。一时间，不少被“穿衣戴帽”的业主人心惶惶，天天往泡沫砖上洒水，提心吊胆。

图 9－1 聚苯乙烯泡沫

图 9－2 燃烧的聚苯乙烯泡沫

周先生开拓的一位业主李阿姨正好是这个育蕾小区的业主，李阿姨平时不爱看报纸，她对这个新闻不了解，周先生特意把看过的报纸送过去给李阿姨看，提醒她要注意安全，最好每天也在蓝色泡沫砖上洒几次水。李阿姨原本要出售这套房子，死活不肯松价，但周先生的做法很让她感动，不到一个星期，她就主动让价 8 万元售出自己的这套房屋。李阿姨自称为了卖这套房子，瘦了好几斤。

二、 合理利用社区中的特殊事件

有时，一些小区物业管理不完善，接二连三的失窃案让一些业主下定决心搬离该小区，或是小区经常性停水停电，电梯经常出现故障等都会诱发业主搬离。作为一个优秀的经纪人，应该对商圈里各小区发生的一切公众性事件有所了解，在跟进业主及买家时，这些信息都将会是成交的诱因，对促进销售起到不可估量的作用。

三、 关注土地拍卖信息

一般来说，楼价跟着地价走，地价是构成商品房成本中非常重要的一个部分，有些楼盘地价占到楼价的50%，甚至更多。地价的攀升一般会拉动楼价的上升，地价是楼价的风向标。因此，作为一个优秀的房地产销售人员，必须密切关注土地拍卖信息，尤其是当地王出现时，关于它的报道就可能成为说服买家迅速决策的最佳辅助工具。

第10章 让置业者不得不说“Yes”的销售心理控制术

一位想寻短见的跳楼者站在楼顶，绝望地看着脚下来来往往的人群。忽然，一位警察（谈判专家）出现在他背后10米处，这时跳楼者回过头，大叫道：“别过来，要不然，我就从这里跳下去。”警察朝他笑了一声说：“哦，你要跳下去啊，没问题，我只是例行公事问你一下，要是你从这里跳下去后，通知谁来帮你收尸？”跳楼者吓了一跳，赶忙说道：“叫我太太来。”警察又问道：“要是你太太在赶来的路上心情急躁，开车碰到别人，来不了了，还能通知第二个人吗？”跳楼者想了一下说：“那叫我妈妈吧。”

图10－1 跳楼者与警方对峙

注：图片来自于网络

警察又问道："这种事要是你妈妈知道了，当场晕过去，来不了了，能通知第三个人吗？"跳楼者深思了一下，说："那就叫我弟弟。"警察又问道："要是你弟弟听到你的消息，悲痛欲绝，精神错乱，来不了了，还有人可以通知吗？"跳楼者没想到他这么一跳下去，会连累那么多人，沉默片刻后说："我不跳了。"

从心理学角度来看，人讲话、做事都会有心理惯性。当一个人从心里想拒绝你时，不管你跟他说什么，哪怕是你说得非常有理，他都会想方设法拒绝你，因为这是他的心理惯性。如果在恰当的时候打断他的这种心理惯性，他就可能会立即认同你。上述谈判专家就是利用这种心理效应来让跳楼者放弃原先的想法。将这种打断惯性的心理效应运用在房地产销售中也会起到意想不到的效果。

一、 制造意外， 打断惯性

有一次，我约了一位顾客去看一套房子，由于之前这套房子有很多人看过，均无人还价，业主很失望，不太想让人再去看房。我打电话跟业主预约看房时间，他说没工夫，我又说这个顾客看过类似的户型，有可能会喜欢，业主还是说不行。我接着又说这个顾客可是带定金来看楼的，你可得把握住了，但还是没用。情急之下，我拿起电话"啪"的一声摔在了桌子上（手握着话筒不松开，因为当对方听不到声音时，一会儿就会挂上电话的），业主在电话另一头估计吓了一跳，心里想："我这么连续不断地拒绝他，他生气了？"这时，我赶紧把话筒拿起来说："不好意思，刚才我不小心，电话掉地上了，您刚才讲什么，我没听见，麻烦您再讲一遍。"这时，我听到业主跟我说："哦，那你的客人明天下午是3点过来，还是5点过来？"我赶紧说："3点。"

其实谈判过程就是这样，当僵局出现时，故意制造一个意外，可能会立即打破僵局，让谈判继续下去。例如，有的人在对方不说话时，故意用手碰一下水杯（尤其是玻璃杯），让杯子掉在地上，吓对方一跳，打断对方的思维惯性，迫使对方做出一些让步。

二、 学会借助沉默的力量

在谈判中，如果你提出一个条件，对方沉默不语，这时一些没经验的销售人员经常就会岔开话题，说些无关的话或做出一些让步。其实这是一种不明智的选择。当对方沉默时，最有效的方法就是你也保持沉默，以沉默应对沉默，看谁能够沉默到底，看谁的耐力强。有句话是："谁先说，谁先死。"沉默其实就是一种惯性，一先说话，惯性也就被打断。

三、 以退为进的门把成交法

"门把成交法"指的是去拜访顾客时，遭到顾客拒绝后，起身离开，在离开帮顾客关门时（即手放在门把上时）再回头问顾客不买产品的真正原因。一般来说，当你要离开时，顾客会放松下来，这时他会告诉你拒绝的真正原因。优秀的销售人员往往可以把握住这个最后机会，解除顾客抗拒（也打断了顾客一直拒绝的心理惯性），从而达成交易。

这个交易方法应用到房地产销售中也非常有效果。例如，我们在收取客户的诚意金或认购金时，一般会承诺在一定时间之内（一般是一个星期）帮顾客去谈判，以便达成交易。但时间到了，条件没有达成时，顾客便会要求退还诚意金或认购金，这时很多销售人员就以各种理由拖延，让顾客产生逆反心理。在我从事销售时，一般只要时间一到，我就会主动打电话给顾客，让他来取诚意金或认购金，一般顾客都想不到我会主动让他来取，从而会因买不到房子而产生一定的失落感。当客户来了之后，我会给顾客详细分析市场情况，或带顾客再去房子现场（小区，不进房间）走一遍。这时，很多顾客就好像恋爱中的人又回到当初第一次见面的地方一样，对房子又燃起了热情。于是，我乘机要求他们多给一点时间以便我去谈价，甚至要求顾客出高一点价格，顾客通常会非常爽快地答应。

第11章 让顾客无暇思考的送定成交法则

有一次，一位业主把钥匙放在我们门店，于是我们疯狂带顾客看楼，不到一个星期的时间，就收到了一位顾客的诚意金，该顾客的出价也达到了业主的底价。于是，我们赶忙通知业主过来收取定金。业主是香港人，在广州做房地产投资，他告诉我们下个星期一才能到广州，让我们等他，这时离下个星期一还有5天时间。我们耐心地等了5天，迎来的不是成交，而是业主的一句“对不起”，原来有别的经纪公司出了更高的价钱。

中国人往往不太看重口头承诺，凡事如果没有书面约定，很难约束人们的行为。顾客经常说不用下诚意金，该谈价格了，直接叫业主过来签约就是了，可是大多数结果却是一谈到价格，顾客就说他太太不同意或是钱由太太负责等。当然，业主口头答应的底价，也可能随形势的变化频繁调整。怪不得有位香港老师说他在一次带客户去看楼时，客户答应了条件，他想立即拿纸写下来，约定交易条件，可怎么找都找不到半张纸，情急之下，抽了一张纸巾，在纸巾上把条件写出来，并要求对方签字。一时，成为了他们公司的佳话。

在房屋销售中，如果业主没有收到定金，我们就很难让他签下成交条件。因此，在竞争激烈的情况下，为了把控业主，达成交易，经纪人还经常会有“送定”的做法。判定是否“送完”的前提有以下几点：①顾客下了诚意金，承诺交易条件达到业主底价；②先查册（有些叫查档），了解业主房地产证权属及是否抵押等情况；③收定的人是业主本人；④业主收定后，我们要收到房地产证。那么，在什么情况下我们需要送定成交呢？

一、 租转售，业主出价低于市场价

一般情况下，如果顾客想买的房子在公司的盘源资料库里找不到，大多数人会在第一时间找租盘，看一些租出去的房子有没有可以满足顾客要求的。如果有，就会不断地说服业主连同租约一起销售。一旦业主答应连同租约一起销售，则会报出他心目中的理想销售价格。由于业主是把房子租出去了，所以他对市场的关注及了解就不多了，他报出的价格可能高出市场价，也有可能低于市场价。如果报价高于市场价，没有人能接受，我们唯一能做的就是不断与业主沟通，把价格谈下来。而如果业主理想成交价低于市场价时，经纪人一般不可能说业主放得太便宜，口头禅总是“太贵了”。而同时经纪人会带顾客看楼，一旦顾客看中，接受价格，经纪人会立即收取顾客的诚意金。

在这种情况下，经纪人千万不能通知业主过来收取定金，因为一旦业主被通知去收定金，他转身就可能到别的中介公司询问，别的中介可能趁机搞破坏，阻挠成交。这时，正确的做法是巧妙地把定金送到业主家里，在业主家里完成相关手续，让业主签订交易条件，确保成交100%完成。

二、 中介公司云集区域

中国人做生意都喜欢扎堆儿，越集中，效果越好，做地产中介也不例外。一个区域一开始有一家地产门店开张，接着就会有第二家、第三家。有时候，一条街上，地产中介门店一家接一家，一下子就有十几家，甚至几十家地产中介集中在一起。对于这些区域的经纪人来说，如果有交易要完成，千万不要叫业主上门来签约，因为有可能业主还没到门口，就已经被别的中介拦截，成为别人的成交对象了。在这种情况下，需要约业主的话可以在业主居住场所附件的茶馆或麦当劳、肯德基等见面，也可以送定到业主家里，先签订成交条件。

图 11－1　地产中介聚集区域

图 11－2　地产中介聚集区域

图 11－3　地产中介聚集区域

三、 多家地产中介公司主推的盘源

一般每家门店每周都会选取一至两盘作为本周的主推盘源，门店经纪人一定会集中力量带看这些主推房源，以便达成交易条件。如果你的某套门店主推盘源，别的地产中介也同时选作了主推盘源，那市场竞争一定会异常激烈。在这种情况下，一旦有买家达成交易条件，收到诚意金后，必须以最快的速度送定给业主，锁定业主，让交易顺利进行。

第12章 如何设计看楼路线，才能让顾客迅速决策

曾经看到过这样一则故事，名为《来自一封女大学生的信》，这封信一共两页，内容如下。

亲爱的爸爸：

自从我上了大学以后，一直疏于给您写信，对此我表示很抱歉。现在，我要将一些最新的情况告诉您。但是，在您读这封信之前，请先确认您是坐在家里最大的那张沙发上看这封信，否则千万不要往下看，好吗？

暑假虽然我没有回家，但我在学校里还是非常用功地学习。有一天，我上晚自习到11点才回到宿舍，由于太累了，我倒头就睡，睡到半夜，我突然发现宿舍里着火了。我本能地从床上跳起来，想夺门而逃，可不知怎么搞的，门就是打不开，于是，我推开窗户，从窗户跳了出去。老爸，我住的是四楼，窗外下着大雨，地面很滑，我跳下去后，左脚重重地打在水泥地面上，造成左脚骨头断裂。由于学校已经放假，很难有人注意到我跳下去了，我只能在大雨中挣扎。幸运的是，对面男生宿舍六楼有一位男生半夜起来关窗户，看到我跳下去了，飞奔下来把我送到了医院。我在医院里一躺就是20天。在这20天里，这位男生无微不至地照顾我，我非常感动，20天后我出院了。爸爸，您也知道我的宿舍着火了，我没地方住，于是我住进了男生宿舍。接下来发生的事你也可以猜到。一个月后，我发现我怀孕了，于是我们登记结婚了。可是他有一种病不适合结婚，但是爸爸，请您放心，他一定会治好病，那时我会带着结婚证和毕业证回来见您

的。(第 1 页结束)

(第 2 页) 不过，爸爸，您放心。其实，我的宿舍根本没着火，我也就没有从四楼跳下去，我的脚也没摔断，当然我就更不可能爱上那个男生，怀孕也无从谈起。不过，我还是要告诉您一个不幸的事实，那就是上个学期考试，我历史只得了 D，化学得了 F。您也知道，下个学期马上就要开学了，得寄钱来了。

爱您的女儿　莎朗

略注：她的班主任见了这封信后，在信的最后加了一句评语：莎朗的历史及化学成绩虽然不及格，但如果下学期开设心理学课程，我可以肯定，她的心理学绝对可以拿 A。

这是一个非常有趣的心理学小故事，它写出了人们在选择时的一种“对比”心理。有这样一个实验，每个学生依次坐在三桶水前，一桶是冷水，一桶是常温的水，一桶是热水。先要求学生把一只手放在冷水中，另一只手放在热水中，然后再要求他们同时把两只手伸进常温的水中。这时候学生们的脸上立刻出现了既滑稽又迷惑的表情。尽管两只手都放在同一桶水中，但原来放在冷水中的那只手感觉到水是热的，而原来放在热水中的那只手却感觉到水是冷的。这个小小的实验表明，由于事物先前的自然状态不同，人们对同一事物（在这个例子中是常温的水）的感觉可能完全不同。

因此，在销售中如果这个“对比原理”运用得恰当，将极大地提升销售人员的业绩。营销专家及心理专家还做过一些类似的实验。例如，有一个男子走进一家时髦的男装店，他想买一套三件套的西装和一件毛衣，如果你是一位营业员，你应该先带他看哪种衣服，才能让他花更多的钱呢?营业员得到的指示是，要先将售价高的那种服装卖给他。而我们的常识可能恰恰相反，我们会认为，如果一个人刚刚花了很多钱买了一套衣服，那他可能不愿意再花太多的钱去买一件毛衣了。但服装零售商对此了解得最清楚，他们的做法刚好与对比原理的提议相吻合——先卖套装。因为等到顾客挑选毛衣时，即使再贵的毛衣与套装的价格一比，也就显得没那么贵了。人们可能不会单独去买一件500元的衬衣，但他如果刚刚花4000元买了一套西装，那500元的衬衣看起来就没那么贵了。对那些想为自己的新西装购买配饰（衬衫、鞋子、皮带）的人来说，营业员仍可以采用同样的办法。与常识性的看法相反，大量的证据表明，“对比原理”的预期是正确的。研究结果得出有意思的结论：即使一个人走进服装店的目的只是想买一套西装，但如果他是在购买套装之后而不是之前购买配饰的话，那么，他会为买那些配饰花更多的钱。

在市场营销中，先将比较贵重的商品展示给顾客可以赚到更多的钱，更快地售出商品。相反，如果你先把一件便宜的商品拿给顾客看，然后再让他们看贵一点的，这样做只能使后者的价格显得更昂贵。正如前一桶水的温度可以使同一桶水显得更热或更冷一样，他们也可以让同一件商品的价格显得更贵或更便宜，这完全取决于他们所展示的前一件商品的价格。

掌握这个“对比原理”后，我们自然就会明白带看的顺序，并根据带看顺序来设计带看路线。一般一次带看不要超过3套房子，当我们拿着3把钥匙，或第2天约顾客看3套房时，带看路线的设计一定要遵循下列原则：

第1套，根本不想卖给顾客的房子，报价可略高；

第2套，最想卖给顾客的房子，认为最有可能成交的房子；

第3套，第二想卖给顾客的房子。

第13章 你知道多少逆转成交术

在一个课堂上，一位来自台湾的李老师讲了一个非常经典的案例，这位老师在台湾从事地产中介行业30多年。有一次，他的顾客看上一套房子，但几经周折，业主始终不愿意降价，约业主前来门店洽谈，业主也以各种理由拒绝。最后没有办法，这位李先生只好带上顾客，来到业主家里洽谈。洽谈过程非常艰难，一个小时过去了，业主虽然谈笑风生，却就是不肯降一分钱。这位李先生实在无奈，用手拍了一下桌子，然后站了起来。这时，那位谈笑风生的业主吓了一跳，说道："有事好商量。"就这样，李先生又坐下来，继续同业主谈判。不过，这时李先生已经通过刚才业主的反应，非常自信地判断出业主还是很希望成交的，接着展开新一轮的强势压价，最后以业主降低10万元成交。下课后，我立即找到李老师，问道："要是您当时拍完桌子，业主没反应，表现出不在乎的样子，怎么办?"李老师说："这个好办啊，你就立即问业主，洗手间在哪里，上一下洗手间就可以了，让业主在吓一跳的同时，明白你是要上洗手间，而不是转身要走。"

在经纪人的销售生涯中，经常会遇到一些僵局，甚至是死局，如何打破僵局，翻转死局，逆转成交呢？在这些过程中，除了经纪人要有足够的耐心和信心之外，更为重要的是要有行之有效的方法，以下一些方法对于逆转僵局有重要参考价值。

一、 随机应变

很多时候，顾客可能会问到一些我们不知道的问题，或我们带顾客到了我们不熟悉的楼盘，或是顾客对我们介绍的房子一时没有兴趣（但我们觉得这是适合顾客需求的房子）等，这些都将使我们的销售陷入僵局，那么，如何打破这些僵局呢？随机应变是我们处理这类状况的必备技能之一。

有一次，一位顾客进入门店询问有没有蓝色康园的房子，这个楼盘我只知道大概的位置，但没去过小区，而恰好昨晚有一个业主到我们公司放盘，放了一套16栋的房子，还有钥匙。于是，因为急于成交，我立即带着顾客去看楼。找到小区大门，我傻眼了，小区太大了，我根本不知道16栋的具体位置。当时我就想，赶快过去问一下保安，但顾客就在身边，这样做他会觉得我不太专业。于是，我灵机一动，跟顾客说，我先给您介绍一下这个小区的环境。我们进入大门，左手边是第1栋，沿着第1栋走过去，是第2栋，第2栋右手边是会所。就这样，我一边走，一边给顾客介绍。不知不觉就找到了16栋，顺利看了房子，顾客还一个劲儿地夸我非常专业。

还有一次，一位顾客想找一套80平方米左右，但价格又不能高于60万元的骏丰花园的房子，满足他要求的只有七楼（顶楼）的一套房源。当顾客听到我说是顶楼七楼，没电梯的房子时，一个劲儿地摇头说太高了，怕自己爬不上去。我就问他，之前有没有住过顶楼七楼，他说没有。于是，我就鼓励他说，您没有爬过七楼，怎么知道自己爬不上去呢？其实，只要您爬过一回，就知道七楼不是您想象中那么难爬。于是，我鼓励他跟我一起爬一次，就当体验一下，看一下房子，买不买不要紧。被我说服后，顾客同意跟我一起去体验一下。来到四楼时（这时，大多数人都会有些累，喘粗气），我立即拿出《看楼确认书》要顾客同我签名确认一下，顾客配合我在看楼确认书上签名确认了，其实这一举动，就让他休息了近1分钟。签完名后，我们继续爬楼。当走到七楼时，神奇的事情发生了，顾客一点粗气都没喘。于是，我就跟顾客说，您看七楼不难爬吧，您一口气爬上来，连粗气都不用喘。顾客听后，也感觉非常得意，觉得自己身体非常好，爬七楼完全不是问题。

二、 投石问路

有时，业主或顾客会用非常强硬的态度与你沟通，我们很难摸清楚对方的真实心态，从而让谈判或销售无法开展下去，出现僵局。这时候，我们要敢于提出一些模棱两可的问题来试探对方的真实心态，然后，再采取相应的措施。

有一次，一位业主跟我说没有80万不要带客户来看，我一时摸不着头脑，心想到底业主的底价是不是80万呢？于是，我就打电话给业主说："张先生，我知道您说没有80万不要带客户过来看，不过，我有个客户看过类似的户型，比较喜欢，但是，他目前出不起80万，最多只能出到75万。但话又说回来，可能他之前看的房子的装修不如您家的，看完后可以出到80万也不是没可能，只是目前只能出到75万。您看我要不要带他来看？"结果业主说："那好吧，便宜他一回，不过我要说清楚，没有80万我不卖的哦。"我立刻明白业主价格肯定不是80万，可以再谈。后来，真的谈到74万成交。如果我这么说完，业主说："那就不用带过来看了"，那可以肯定，在目前阶段，没有彻底打压业主心态的前提下，80万将是业主的底价。

三、 风险转移

人们都不喜欢风险，如果我们能够承担交易过程中100%的风险，一般对方是无法抗拒与我们合作的。在我创办奥锐管理顾问公司初期，为了拓展业务，我们有一个"100%承诺"服务，就是顾客上完我们的课程后，不需要任何理由，只要说没有效果，我们会100%退回所有费用。这为我们在初期承接了不少业务，再加上我们的课程质量，业务就迅速发展起来了。

风险转移是一个非常有效的逆转成交方法。当顾客担心楼价会下调时，我经常拍着胸脯对顾客说，您买完房子后，如果10年内这套房子没有翻一倍，您可以随时找我退房。这一句话再加上我拍胸脯的姿势，一下子就让顾客获得了100%的信心。

第14章 如何顺水推舟，快速搞定难缠客户

在我刚进入地产中介这个行业时，接待过一位顾客，我带他看了二十几套房子，最后他看上了其中一套。我报了40万元的价（业主底价38万），结果顾客还价36万，我不断地跟业主砍价，好不容易谈到就差1万元了，我要求顾客交诚意金，顾客却说不用交了，谈到36万，直接叫业主过来签约就可以了，无论我如何解释，他就是不交诚意金。后来在我的努力下，业主同意了36万，我高兴地打电话通知顾客来签约，没想到顾客却说他太太看了这套房子，觉得最多只值35万，要是35万就过来签约。最后，这套房子被其他地产中介成交了。

在业务营销中，经常会碰到这些难缠的客户，他们往往不愿意交诚意金或不太配合经纪人的工作，而在这些人当中，大多数人又不重口头承诺，不太讲诚信。从业务的角度来说，这些不是优质客户，但我们要开展业务，不可能挑剔客户，而是能服务的我们尽量服务。当然，对于这些难缠的客户不是说没有成交的机会，只要我们运用方法得当，也是可以顺利成交的，甚至可以将其变成我们的优质客户。如何有效应对这些难缠客户呢？以下几个方面非常重要。

一、 顺水推舟的阻力最小

在商业谈判中，高手绝对不会用头去撞墙壁，而是选择对自己阻力最

小的说话策略，让对方发现他们自己的想法有错误，他们必然知难而退或开始配合。而这时，你自然就可以“顺水推舟”，进攻他们的死穴了。

我曾经看过一则故事，说美国有家生产乳制品的企业，有一天来了一位怒气冲天的顾客，他不客气地对厂里的负责人说：“先生，我在你们生产的乳制品中发现一只活苍蝇，我要求你们的精神损失赔偿”，并提出了一个天文数字。在美国，乳制品生产条件是非常严格的，一般是不可能有活苍蝇的。不过，这位负责人没有同顾客争论，而是很有风度地为顾客倒了一杯水，然后慢条斯理地说：“先生，看来真有您说的那回事，这显然是我们的错误，您放心，您会得到合理的赔偿。由于这个问题事关重大，我们绝不会忽视的，您稍等一下，我马上命令关闭所有的机器，以查清错误的来源。我们企业规定，哪一个生产环节出现失误就由哪个环节的负责人来负责，等我把那位失职的主管找出来，让他给您道歉。”那位顾客原本是来敲诈一笔的，他没有想到自己的行为会引起如此严重的后果，同时也非常担心自己的花招被拆穿，那样一来工厂停机的损失就得使自己倾家荡产。于是，他说：“既然这么麻烦就算了，不追究责任了。”说完就走了。

其实，房地产销售也是这样，我们运用一些顺水推舟的方法，会有效化解难缠顾客的抗拒。

有一次，我带一位顾客看了一套他非常喜欢的房子。第二次，他带他的朋友来做参谋，他的朋友一到现场就表现出“专业”的样子，说这里不好，那里不好，说得顾客脸色有点变了。这时，我把顾客的参谋拉到一边，赞美他，说他对房地产非常专业，而且是一位非常有责任心的人，为他朋友能买到称心如意的房子负责任。他听了非常得意，这时我突然提出，像您这么有责任心的人一定不会让您朋友错过一个买到好房子的机会吧？其实您也会为您朋友错过一个买到好房子的绝佳机会而遗憾吧。他立即沉默了。之后，在看房过程中，他就诚恳多了，房子优缺点说得非常中立。当然，因为房子本身就非常不错，顾客最后也顺利买下了该套房子。

二、 寻求业主配合， 实现顺水推舟

在实际销售过程中，像本章开头案例中那位无论如何都不愿意交诚意金，让我们陷入被动的顾客不在少数。那么，如何有效搞定该类客户呢？寻求业主配合是一个不错的方法。

有一次，我销售一套业主底价为100万元的房子，我报出了110万的价格。顾客看楼后，不断地讨价还价，经过十几轮谈判，最后我坚守在102万这个价位不放价，顾客还价90万，但突然还到100万，说如果100万就买。我要求顾客下诚意金，可顾客却说不用交了，谈到100万，直接叫业主过来签约就可以了，无论我如何解释，他就是不交诚意金。吸取以前不成功的经验，我没有告诉顾客业主底价就是100万，而是电话寻求业主配合。第二天，我以无法谈到100万为由，约顾客来到门店直接同业主进行最后一次谈判。谈判中，业主故意坚持了一阵子102万（这是我与业主的约定），问顾客是不是可以立即下定，当顾客毫不犹豫回答可以时，业主勉强地表示同意100万出售，结果立即签订了买卖合同。

三、 给难缠客户一些额外承诺

有些顾客在地产中介下了诚意金，但约定的谈价时间结束了，地产中介会找各种理由拖延退回诚意金的时间。因此，导致不少客户不愿意下诚意金，有“一朝被蛇咬，十年怕井绳”的心态。为了让这类客户愿意下诚意金，有时给定一些额外的承诺也是有效的。例如，我曾经接待过一位投资客，他要求在诚意金协议上多加一条，如果约定谈价时间到了，必须立即退还诚意金，否则每拖延一天，加1%的违约金。一旦同意这个条款，他就非常爽快地答应下诚意金了。

准　篇

第15章 房屋介绍中如何开发“点石成金”的推销话术

2008 年，我为贵阳金阳新区的观山湖 1 号做培训顾问。该楼盘位于贵阳市的金阳新区（贵阳市老城区已经基本上没有土地供应，按规划整个贵阳市的发展重心开始向与贵阳老城区有一山之隔的金阳新区转移。金阳新区是贵阳市的未来城市规划中心，但目前正处于开发之中，居住氛围尚不浓厚），而观山湖 1 号正是位于金阳新区的中心地带，即未来城市的中心位置。

贵阳老城区的中心位置是喷水池（喷水池是地名），是最近形成的老城中心，之前是大十字（大十字也是地名）。观山湖 1 号位于贵阳市规划中的未来城市中心，位置其实是一个非常好的卖点，而当时的销售人员是如何介绍这个优越的“卖点”的呢？

售楼员：您好！我们的楼盘位于金阳新区　　路，这里是未来的金阳新区的城市中心，地理位置特别优越。您知道，房地产的要素就是“地段”，购买地段好的楼盘，对您来说绝对是一个明智的选择。

买楼者：哦。

为了凸显楼盘的这个卖点，我对置业顾问的话术进行了调整，强调了对地理位置的介绍。

售楼员：您好！请问您知道喷水池在哪里吧？

买楼者：知道。（心里暗想，废话，喷水池是贵阳的中心区，最值钱的地方，谁不知道）

售楼员：请问，假如您十年前在喷水池买了一套房子，现在卖出去，能赚多少钱？

买楼者不语。（暗想，要是十年前买了就好了，肯定能赚一大笔）

售楼员：我们A楼盘现在所处的位置就是贵阳规划中的新“喷水池”，地处贵阳市未来城市黄金中心地段，大概十年后，这里就是贵阳市新的喷水池。

买楼者心里暗想，现在买了，十年后一定可以赚不少钱。

在售楼过程中，我们经常遇到类似的问题，要向买楼者介绍大量的楼盘资料，其中不乏专业术语。但是，置业者只是一个普通的消费者，不是专业人员，他们对专业术语的理解是有限的，如果在售楼过程中把他们当成专业人士来进行介绍，他们对专业术语的理解往往是不到位的，也就容易出现“对牛弹琴”的现象。因此，在与客户沟通中，要特别注意将专业术语形象化，让消费者一听就明白。否则，我们经常用“对牛弹琴”的话术与客户沟通，往往鸡同鸭讲，最后的结果肯定是鸡飞狗跳，无法产生理想的销售结果。有效地处理这类沟通中的话术，可遵循“借势”原理。

一、 利用地段借势

就像上述案例中所讲，借“喷水池”这个地段的势，来描绘金阳新区中心位置的前景。我们也通常会听到某某城市就像十年前的广州市这样的描述，言下之意就是十年后这个城市也会发展成今天的广州的样子。这些话术都是利用借势来提升语言魅力的。在一些大型小区的开发过程中，也可以借其他有知名度的小区来描述新小区的前景，通过提问让顾客自己说服自己。

二、 利用知名建筑物借势

有一次，我在南京讲课，有一位置业顾问举手提出一个问题，我们小区的建筑都是剪力墙结构，成本比普通的框架结构要高，但顾客却觉得剪力墙墙体不能动，影响他们创意装修的发挥，到底应如何介绍剪力墙。我告诉这位置业顾问，让他查一下当地最知名的大厦是哪栋楼，是否是剪力墙结构，如果是，那就太好了。销售时，你只需问顾客某某大厦听过没有（最知名的大厦一般都听说过，并且为之骄傲），然后告诉他某某大厦就是用的这种剪力墙结构，让顾客自己说服自己。

三、 利用知名设计公司借势

假如鸟巢的设计公司现在设计了你的写字楼项目，你只要问顾客知不知道鸟巢在哪里？然后，告诉他们设计鸟巢的人现在正在为你设计办公大楼。这样做便会获得顾客对你楼盘档次、品牌及质量的认可。

四、 利用名人借势

假如某某名人为我们的项目做代言人，我们可以借他的势来销售楼盘。另外，也可以借某某名人在我们小区居住的势来销售楼盘。不过，借名人的势，一定要注意其隐私问题，另外，也不宜大张旗鼓。否则，易引起名人的反感，在他的社交圈说你楼盘的负面消息，反而起相反作用。

五、 利用概念借势

曾经在广州有一个楼盘设计上不是十分理想，厅和房为了结合采光、通风，设计上不够方正，边角特别多，这不太符合中国人的审美观。可销售人员把这种户型定位为“钻石户型”，说是香港比较流行的户型（香港的住宅面积小，为了通风、采光，没办法才这样设计的），言下之意，你不接受这种户型，你的观念就不够流行。没想到，经销售人员偷换概念后，这栋楼居然卖成了畅销楼盘。

第16章 顾客心理击破术

有两条铁轨，一条新的，一条旧的。有了新铁轨后，旧铁轨不再有火车通过。有一天，十个小孩到铁轨上玩耍，九个小孩在新铁轨上玩儿，一个小孩在旧铁轨上玩儿，并提醒九个玩伴，新铁轨不安全，还是到旧铁轨上玩儿吧。但九个小孩没有一个人听这位小孩的劝告，仍然在新铁轨上玩儿。突然，一列火车开来，千钧一发之际扳道工要立即作决定，如果火车一直开，要轧死九个小孩，而扳道到旧铁轨上只轧死一个小孩。如果你是扳道工，你怎么决定？

可能大多数人的选择是扳道到旧铁轨上，可犯错误的是在新铁轨上玩儿的九个小孩，这就引起了很大争议。有人说，这样做是纵容做错事的人，而惩罚做对事的人；也有人会说，毕竟在新铁轨上有九个小孩，旧铁轨上只有一个，哪怕我们的决定是错误的，但我们毕竟救了更多的人。有后面这种思维的人通常是典型的结果导向型思维的人，他们关注的是结果。

销售就是这样，你是关注争议，还是关注结果，关注点不同，销售的效果也不同。我曾经参加过一个培训班，主讲老师是连续12年平均每天卖出6辆汽车的乔·吉拉德。很多人6天卖不出一辆汽车，但他一天卖6辆汽车，一定有过人之处。当乔·吉拉德讲到成交技巧时，突然问了大家一个问题，他问道：“当顾客对我的车感兴趣，而这时他还喜欢上了别的车，且犹豫不决时，我有一个技巧，只要一使用，就可以立即与这位顾客达成交易。这样的技巧你们要不要?”当场所有人都说要。乔·吉拉德告诉大家，这个方法叫做“下跪成交法”。他说:“当顾客犹豫不决时，我会说某某小姐，难道你要看到我这位60多岁的糟老头跪在你面前，你才会买我的车吗？说完我就跪下去。”试想一下，你就是那位要买车的人，当一位60多岁，满头白发的老头跪在你面前求你买他的车，而你对这辆车又很感兴趣时，你还能拒绝吗？当乔·吉拉德再次问道：“你们还要这个技巧吗?”全场顿时鸦雀无声。很多人可能会对这种行为有争议，认为这让我没有了面子，没有了尊严。但是，如果你不能够成交，你又何来面子及尊严？乔·吉拉德连续12年平均每天卖出6辆汽车，铁定下跪了N次，不过，下完跪后，他还是乔·吉拉德，还是被人称为世界上最伟大的推销员。

在房地产销售中，其实道理是一样的，我经常在《开单也疯狂》的销售培训课上大力倡导“成交至高无上”的概念，能够成交的方法就是好方法（当然，前提是你所用的方法不违背道德和法律）。有些方法可能会引来争议，但同时也会带来你所期望的结果，其“度”完全在于自我把控。

一、 短信息压价

宏观调控这几年，不少业主态度强硬，不愿意降价，而开发商却应市场需要，不断调整价格。结果导致不少地方出现一二手倒挂现象，也就是说，当地的一手楼价格低过二手楼价格。二手地产中介进入前所未有的艰难时期。在这个时期，只要业主降些价，不少刚性需求的买家还是会买房的。可偏偏是业主不愿意降，如何让业主乐意降价成交呢？

有一个短信压价法其实非常不错。在宏观调控时期，由于大量置业者处于观望状态，开发商在降价的同时，不断地发短信给消费者，希望把房子卖出去。而这个时期卖房的二手楼业主一般不会买房，开发商的手机短信一般发不到这些人的手机中。于是，我们收集了全市在这个时期打折、降价的所有楼盘的资料，编制成短信逐条发给这些二手楼业主，今天将A楼盘的优惠信息发给他，明天将B楼盘的降价信息发给他，后天再将C楼盘的送装修信息发给他。让他天天收到一手楼盘明降价或暗降价的消息，感觉楼市真的要崩盘似的。这时，你打电话与该二手楼业主谈价，则容易多了。

可能有人对这个方法有异议，不过如果从市场规律来看，二手楼业主在这个时期不降价也是违背市场规律的，所以，这些现象的大量存在，导致一二手楼倒挂。

二、 利用新闻引导业主/买家

由于房地产买卖涉及金额巨大，业主或买家都喜欢拖延及观望。如何解决这个问题呢？其实引导顾客，让顾客明确市场行情及市场方向是非常重要的。如何达成这个目的？回顾一下作为房地产专业人士，我们是如何接受房地产新闻的就会明白，像新浪乐居、搜房网等网站，一有什么重大新闻，就会发短信到我们手机上，让我们明白目前的房地产形势。

其实，在房地产销售中，你也可以在这些网站发来的房地产新闻中，有选择地挑选一些发给对应的业主或客户，通过这些新闻不断地引导顾客，达到说服的效果。记住，转发时，如果能用短信平台，以网站名义发给顾客，效果会更好，因为这代表的是与买卖房屋无关的第三方发过来的信息。

三、 利用假电话逼定

在顾客看楼时，如果观察到顾客喜欢这套房子，则不少人都会利用“假电话”来告诉顾客这套房子有其他人看上了，准备过来下诚意金，以此来制造一定的紧张气氛，甚至逼定。

四、 利用钥匙来制造紧张氛围

带顾客看钥匙盘，如果顾客对房屋很喜欢，经纪人通常会逼定。若逼定不成功，经纪人往往会送顾客到车站，但不会一起上车离开，道别时他会跟顾客说：“某某先生，不好意思，我不能送您了，我要在这里等我同事，他等一会儿还要带顾客来看楼，我拿了钥匙，只能在这里等他，不好意思。”以此来制造紧张氛围，也为顾客离开后再次联系顾客，或下次逼顾客下定做铺垫。

第17章 让顾客不好意思再砍价的房屋价格诉求法则

有个人想买辆二手车，买二手车时一般都要经过一番砍价。他想到要砍价，所以选了一个人比较少的日子去看车，因为人多的时候想砍价，可能也没人理他。于是，在那年下了第一场雪的那天早上，他兴高采烈地来到了售车大厅。离售车大厅老远他就看到那里灯火通明，里面除了整齐着装的销售员外，一个前来看车的客人也没有，于是他信心百倍地大步迈向了售车大厅，心想，这回一定要狠狠地砍价了。这时，售车大厅的销售员也看到他来了，有个销售员热情地迎了上来，这位销售员心想："今天除了这位顾客外，没有其他人来看车，看来他一定要狠狠砍价了。没人看车，这是我们的弱势，可是怎样能扭转这个弱势呢?"于是，这位销售员跑出去后，就同这位顾客说："先生，您好。看来您一定特别想买辆车吧，要不下这么大雪，还来买车啊!"话一说完，形势立即扭转，这位顾客再也提不起砍价的劲儿了。

销售的过程一直都是一种心理博弈的过程，要主控销售过程，就得先主控顾客的心理。但在实际销售过程中，顾客提出的一些问题，或销售过程本身存在的一些问题却恰恰让销售人员处于弱势地位，失去主控权。而销售过程中，销售人员一旦失去了主控权，则会被顾客牵着鼻子走，没办法达成交易。因此，一旦处于弱势地位时，销售人员要善于立即把劣势转化为优势，就像上述汽车销售员那样，迅速扭转心理地位，通过转化出来的优势重新主导销售过程。

第一次世界大战期间，美国一家国家控股的保险公司推出一种专门为士兵设计的保险，该保险只需要士兵们每星期投资2美元，一旦士兵在战场上阵亡就可以获得10万美元的赔偿。一开始，保险公司就与军队的管理人员做好了充分的沟通，不断地在士兵中宣传。士兵本来就害怕上战场，阵亡就更不愿意提及了，所以阵亡后获赔对他们一点儿吸引力都没有，任凭推广人员怎么宣传，就是没有一个士兵购买这项保险。后来有一位推销员接手了该项保险的推广工作，该推销员没有走回原来的推销路线，他来到各个营房找一些士兵做私下的沟通，晚上与士兵们一起喝酒，士兵们喝得有些醉意时，他就与这些士兵们说："你们想一想，一个买了保险的士兵上战场，如果阵亡，国家要赔偿10万美元；没有买保险的士兵上战场阵亡，国家不用赔偿一分钱，国家会派哪些士兵上战场呢？是买保险的？还是没买保险的呢？"结果，没几天买保险的士兵就排起了长队。

在我们的售楼过程中也经常会遇到自己处于弱势的情境，只要我们把握住事物的双面性，就可以很好地把弱势转化成自己的销售优势。

我有个朋友开了一家小型地产中介门店，有一次，我到他那里拜访，他正在与一个顾客签订承诺书，承诺书上谈到要收3%的佣金。这位顾客开始砍价了，顾客说道："你们这么小的一家中介公司也要收三个点，不会吧？你看隔壁那家大公司才收三个点，他们可有近百家门店啊。"其实，这位顾客的意思就是大公司有品牌，收费贵点在情理之中，而小公司品牌知名度不够，收费自然要低一些。公司规模小，无法形成强势品牌，是弱势。我看到朋友坐在那里一时不知说什么好，但想到公司小其实也是一种优势，便走过去打圆场。我对那位顾客说："先生，您好。我想请问一下，您要买的是一间性价比尽量高的房子吧？需要的是中介公司在买房过程中为您提供最好的服务吧？您不会是想买一家大公司吧？"这位顾客一听我这样问，不吭声，默认了。于是，我接着说："大公司嘛，我们以前也都是从大公司出来的，大公司门店多，客人也多，搞的都是流水线作业，因为客人太多了，没时间，也没办法对每一位客人都照顾得很周到，还经常出现一些遗漏。谈价也是一样，不可能老为一位客人去谈价，更不可能用大量时间为某一位客人去拼命谈价。而我们公司则不一样了，您看我们公司不太大，您是我们这个月不多的几个客人之一，您想一想，我们为了您这不多的几个客人，难道能不拼命地去把价格谈下来吗？能不拼命把服务做到最好吗？”听了这话，这位顾客再也不说三个点的佣金贵了，没谈多久，就愉快地签下了承诺书。

类似的情况在我们的售楼过程中还会遇到很多，关键是你要认清事物的两面性，有不利必有利，你要善于找出事物有利的一面，并巧妙地转化出这种优势出来。通常转化优势时，一开始最好问对方回答是肯定的问题，然后陈述出你的销售优势。

类似让我处于被动的情境有很多。例如，在新楼销售中，一般小开发商会让人担心其资金实力不够，顾客还经常拿其与大开发商做比较。公司规模小，不是大开发商，这是一项弱势，但如何转化成优势呢？你通常可以这样说：“某某先生，我非常理解您的心情，很多人的确会有这样的担心，通常我们买楼都比较喜欢买大的开发商开发的楼盘。不过，最近有些顾客跟我反映这样一些情况，不知您注意到没有？其实，客户是要买一个素质好，质量有保证的楼盘，而不是非要买一家大开发商的楼盘，您说对吗？一般来讲，大的开发商开发的楼盘多，要顾及的事情实在是太多了，有时反而没有小公司运作那么顺畅。就拿开发资金运作来说，大开发商的楼盘多，需要的资金就多，并且是环环相扣，说不准哪一天，其中某一个环节出了问题，整条资金链就出问题了，如果真是这样，恐怕它开发的楼盘都要受牵连。也就是说，大开发商开发的楼盘风险不是来自某一个楼盘，而是全部的楼盘，出风险的地方可就多了。我们公司则不一样，我们老板本身就非常有实力，并且这是他开发的第一个楼盘，更关键的是我们老板有意打造精品。您想，这种情景下，能不把楼盘质量看成自己的生命吗？所以说，您根本就不用担心楼盘素质及资金这些问题。”

第18章 匪夷所思的层进式需求引导术

有这样一则故事。一个风雨交加的日子，一个穷人到富人家讨饭。仆人说："滚开，不要来打扰我们。"穷人说："只要让我进去，在你们的火炉上烤干衣服就行了。"仆人认为这不需要花费什么，就让他进去了。这个可怜的穷人这时请求厨娘给他一个小锅，以便他煮石头汤喝。"石头汤?"厨娘说，"我想看看你怎样用石头做成汤。"于是她就答应了。穷人到路上捡了块石头洗净后放在锅里煮。"可是，你总得放点盐吧?"厨娘说。她给他一些盐，后来穷人又要求给些豌豆、薄荷、香菜、胡萝卜，也得到了厨娘的同意。最后穷人说："要是能放点碎肉进去，汤一定会更鲜甜些。"当然，你也许能猜到，这个可怜的穷人后来把石头捞出来扔回路上，美美地喝了一锅肉汤。

这个故事里的"穷人"通过自己的智慧做了一锅神奇的"石头汤"，他的推销技巧可谓高明至极。首先，他从"进门烤干衣服"做起，然后以"借锅做石头汤"为由引起厨娘好奇，而后，不断要求借材料，循序渐进，曲线做事，最终达成让自己不挨饿的目的。

销售也是这样，顾客的需求分为显性需求和隐性需求，上述案例中，智慧的"穷人"掌握了对方"好奇"的隐性需求，成功达成自己的目的。因此，在销售过程中，层层推进，不断挖出顾客潜在的隐性需求，将有效引爆顾客的需求。下面通过一个案例来更好地展现这种层进式的需求挖掘术。案例中，国王要去打一场战役，推销员向国王推销战马用的马蹄钉，国王告诉他已经全部买了，没有需要了。而这位推销员又是如何找到国王的隐性需求，推销自己的马蹄钉的呢？

推销员：尊敬的陛下，您好。我是　　马蹄钉公司的，被派来调查一下我们军队的战马使用的马蹄钉情况，我的名字叫　　。

国　王：哦，马蹄钉，我们刚刚采购了一大批，没有需要了。

推销员：陛下，我知道我们的军队已经采购了一大批马蹄钉，我正是为此而来的，我主要是过来了解一下我们采购的马蹄钉的情况，我想在此问您几个问题。

国　王：哦，这样啊，那你有什么问题？

推销员：陛下，是这样的，您在选择马蹄钉时最关注的是什么？

国　王：第一要能钉上去，第二要物美价廉，我们每次采购都是采购一大批马蹄钉。

推销员：陛下，看得出来您是一位善于治理国家的君王，我还想问您一个问题，那就是我们买马蹄钉的目的是什么？

国　王：当然是保护马蹄，让马跑快点啦！

推销员：陛下，您说得太对了，如果一个马蹄钉钉在马蹄上，让马蹄比较舒适，马是不是会快一点呢？

国　王：这个当然。

推销员：所以一个马蹄钉的舒适性是不是非常重要呢？

国　王：是的。

推销员：陛下，如果马跑得特别快，马蹄钉是不是一定要钉得非常牢固呢？

国　王：对。

推销员：陛下，如果在战场上，我们的马蹄钉的舒适度不如敌人战马的马蹄钉好，那我们的战马是不是会跑得比敌人的战马慢呢？

国　王：这个当然。

推销员：如果我们的战马跑得比敌人的慢，这会意味着什么呢？

国　王：输了战争。

推销员：如果我们的战马在奔跑中，马蹄钉不够牢固，掉了，我们的战马会怎么样？

国　王：马可能摔倒。

推销员：如果有一个将军的战马因掉了马蹄钉而摔倒，结果会怎么样呢？

国　王：将军掉下马，被敌人俘虏，战争失败。

推销员：陛下，也就是说您同意如果要赢得战争，马蹄钉的舒适性、牢固性是非常重要的，是这样吗？

国　王：是的。

推销员：陛下，我们公司的马蹄钉是世界上舒适性、牢固性最好的马蹄钉，您是否有兴趣了解一下？

国　王：好的。

销售就是这样，在逼客户下定时，需要循序渐进，曲线突破，最后达成成交的目的。下面我们看一下房地产销售中的一个“层进式”成交案例。

经纪人：张先生，我刚才带您看了四楼62万元这套，和三楼58万元这套，您觉得哪套要好一点？

顾　客：三楼这套还不错。

经纪人：张先生，假如三楼这套您要买的话，会选择一次性付款，还是银行按揭？

顾　客：当然是银行按揭。

经纪人：假如您要银行按揭的话，首付会选择五成，还是六成？

顾　客：当然首付少点好，但是二次置业首付最少都得五成。

经纪人：假如按揭您选首付五成的话，下诚意金，您会下1万元，还是2万元？

顾　客：1万吧。

经纪人：1万，好吧，张先生这边交款。

在这个案例中，关键点有三个，一是“您觉得哪套要好一点”，而不是“我喜欢哪一套”，问喜欢哪一套，顾客可能会说两套都不喜欢；二是用“假如”这两个字让顾客感觉不到压力，不知不觉进入销售循环；三是始终用“二选一”的方法提问，锁定顾客的回答，直至成交。

第19章 网络营销中如何快速锁定销售线索，挖掘“金矿”客户

现在北、上、广、深等一线城市，经纪人的客户80%以上是靠网络获取的，网络经纪人已经成为中国地产中介最普遍的一种业务模式。如何在网络上将客户“一网打尽”；如何在网络上战胜对手，获取更多的客户资源；如何利用网络营销手段，传播品牌及影响客户。这已经成为地产中介公司现阶段面临的最为重要的一个问题。

地产中介如何做好网络营销，这不单纯是公司市场部的事情，而是和经纪人的业绩与前途息息相关的问题。网络是一种影响力较大的媒体，媒体的主要功能是传播信息，而中介是进行居间服务的。从某种意义上看，中介是在经营信息，通过收集和发布房源信息、撮合买卖双方、协助完成交易的居间服务，最后收取佣金。因此，在发布盘源和收集盘源这两个重要的环节上，媒体就能起到很大的帮助作用。但如果简单地认为媒体与中介的关系只是普通的广告主在媒体上发布付费信息就比较片面了。因为如果是产品，可以利用媒体打造一个长期稳定的形象，但中介拥有的是信息，不是产品，信息时效性很强，瞬间就有可能改变，所以，可以这样理解媒体与地产中介公司的关系。

1. 媒体是中介公司信息的放大镜，从门店的点到全社会的面，从个人群体到多元化群体。

2. 中介公司的媒体费用实际上是租金的一个延伸，即把门店的橱窗放

大。例如，你花 1 万元在天河租 1 家店铺，你认为你最终花了多少钱租店面？花了多少钱租办公场所？或一家临街面是 10 米、进深 4 米、租金 7 千元的店铺和一家临街面是 4 米、进深 10 米、租金 5 千元的店铺，你会选择哪一间？

3. 媒体又是中介公司收集房源信息的另一条渠道。这很容易理解，在找房的人发现你的时候，业主也会通过同一渠道发现你，效果会是双倍的。

既然地产中介与媒体的关系如此密切，那地产中介在日常业务运营中，如何利用网络营销有效增进业务量，获取更多的客户呢？

一、 加大地产中介公司盘源曝光率

传统地产中介间的竞争经常锁定在“位置战”，地产中介行家们普遍的认知是，铺面要选在转角位，且要人流量大的地方，门面要够宽，橱窗要够大；在报纸上刊登广告要头版、要上面，在网络上发布信息要首页，信息要排在前面。这样的争夺和要求，实际上都是为了同一个目标，让更多人看到其信息，增大信息的曝光率。所以我们要清楚地认识到我们要争的是什么，要得到的是什么，我们为什么要付出这种代价？如何选择用最少的代价获得最高的曝光率就是我们行为抉择的宗旨。所以将来我们在选择铺面、选择媒体的时候，就要去比较获得曝光率的性价比。要考虑如下因素：①有效曝光率——帮助提高业绩与成交量，提升品牌知名度（如搜房、安居客等）；②无效曝光率——只对提升品牌知名度有帮助（如中央电视台）。

地产中介会根据自己愿意付出的成本选择适当的方式获得相应的曝光率，当然，要将金钱成本、时间成本和人力成本综合在一起，全盘考虑。实际上目前经纪公司的做法有如下几种：①在大公司的旁边开铺，牺牲竞争优势来借光；②在主流报纸上做广告；③使用人力，上街派 DM 广告，举牌在街上游走，在免费网站上不断录入房源信息；④在搜房网、安居客、58 同城、赶集网等购买端口，上传房源信息。

二、 平衡企业发展中的 “业绩效果” 与 “品牌效果” 需要

在媒体上投放信息广告，我们希望得到的是两样东西，是业绩效果与

品牌效果（利与名），但不是在所有媒体投放都能得到这两样东西，如分类广告及一些单纯体现个人与中介房源的网站就只能产生业绩效果，没有品牌效果。而像电视广告这些以秒来计价的广告形式就只能打造品牌效果。在地产中介行业，广告的业绩效果是经纪人与老板分享的，但品牌效果是老板独享的，所以在选择媒体的时候，往往门店与公司会产生矛盾。门店要求刊登业绩效果好的广告，公司却希望选择品牌效力强的广告，费用是分摊的，品牌效力大，老板收获就大，这就是为什么有些被门店认为无效果的媒体广告，公司却还是不断地投放的原因。

因此，地产中介公司要根据自己所处的不同发展阶段，选择不同的营销方式，清楚自己最想得到的是什么，平衡业绩与品牌的权重关系。

三、 根据不同网站在当地的优势来分配自己的广告开支

不同的网站在不同的地方会体现自己不同方面的优势，如交友上QQ、游戏上中游、看新闻上搜狐等。房地产专业网站也是一样，各有各的优势，有的租赁客人关注多，有的买卖客人关注多，而这些优势又是因区域不同而有所不同。在互联网上，人们是主动找他需要的信息，不像电视广告和路牌广告那样，不管你愿意与否，都出现在你面前。人们能通过各种搜索途径精确地寻找需要的信息，电脑能按你的要求快速、准确地提取、筛选信息，方便、轻松、快捷。因此，地产中介公司在分配广告时，一定要根据不同网站在当地的优势来分配自己的广告开支。

四、 付费网站 “网络经纪人” 使用要点

很多网站都有付费网络经纪人端口，经纪人一般使用2—3个网站，不管是哪一个网站，在使用过程中，应注意以下几点：①房源质量的提高，与自身信誉和品牌捆绑；②网络经纪人自身的素质高，要写楼评、写自传，先要被客人接受，才有机会见到客人；③信任的建立，只有了解，才能信任；④有吸引力的标题；⑤图片丰富，画面精美，有吸引力；⑥根据竞争对手相同盘源的广告，对自己的盘源进行相应的修改，保证与竞争对手同类盘源广告相比，更有吸引力。

第20章 每次看完房屋，如何将成交逼定藏于无形

在售楼的关键时刻，我发现不少置业顾问不敢要求顾客“下定”，或者害怕使用一些可能让顾客产生压力的行为，如打破砂锅问到底式地追问顾客拒绝的原因等。他们害怕一旦要求顾客“下定”，而遭遇顾客拒绝的话，就会破坏辛苦建立起来的与顾客之间的关系。为了维护这种关系，他们不敢主动要求顾客，而是被动地等待顾客自己决策，等待顾客自己说“好吧，我现在就下点定金把这套房子定住吧”。其实，这是一种非常失败的销售方法。试想，一个专业的置业顾问都不敢替顾客做决策，鼓励顾客下决定的话，顾客又如何对他有信心呢？

其实，置业顾问的这种害怕要顾客“下定”会破坏与顾客的关系的想法是不正确的，事实并非如此。在房地产销售中，置业顾问与顾客之间的关系变化就如同恋爱中男女关系的变化一样。试想一下，每一对热恋的男女都会有第一次亲吻，当男孩子要亲吻女孩子时，难道需要事前征求女孩子的意见吗？会问女孩：“我可以亲吻你一下吗？”如果你是以这种方式去追求女孩子的话，你现在还是单身的可能性就非常大了。

这里我只是想强调销售中的主动性是十分重要的。热恋中的女孩子并不会因为男孩子没有征得自己的同意就亲吻了自己一下，而与男孩的关系就此破裂，相反，也许会更加亲密。当置业顾问在顾客还没有说“这套房子非常好，正是我想要买的房子”的时候，置业顾问就要求顾客“下定”

的行为也是一样的。顾客并不会因为置业顾问的这项“下定”要求而与其关系破裂，相反，他与你的关系可能会因此更好。因为你在帮助他做决策，用非常肯定的口气告诉他一个信号——这套房子值得购买。如果你一直等待顾客主动说：“是啊，看来我得快点购买，要不房子就要涨价了”，我想，你的业绩一定是好不起来的。几乎没有顾客会主动表明自己希望购买的心意，哪怕顾客心里非常渴望购买，他都会表现出一副不在乎的样子。他们之所以这样做，其主要目的就是不想在之后购买该房屋的谈判过程中处于被动，想争取更大的议价空间或争取更多的有利交易条件。

因此，在房地产销售过程中，任何时候都需要置业顾问们主动去要求顾客，而不是被动地等待顾客告诉自己他的决定是什么。

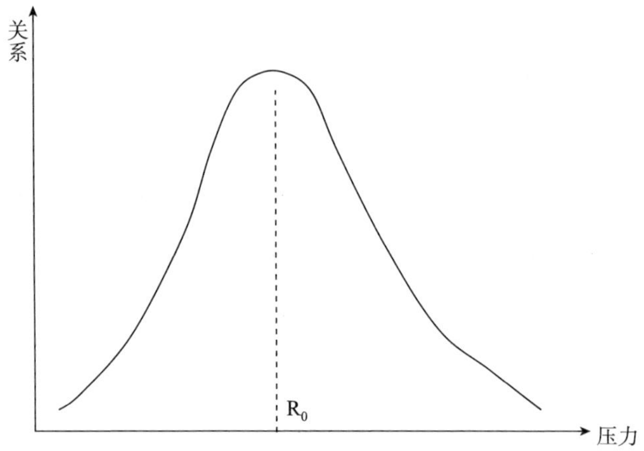

图 20－1　置业顾问与顾客之间的压力—关系曲线

其实，人与人之间的关系好坏与他们之间的压力不是成正比或反比的关系，而呈现出一种几何曲线。一开始，人与人之间的关系是随着压力不断增加而越来越好，当达到一个临界点（R_0）后，人与人之间的关系则会随着压力的增加而越来越差。比如，在茫茫人海中，两个互相不认识的人，他们之间没有任何压力，当然也不会有任何关系可言；如果偶遇一件小事，使得他们互相认识了，这便产生了压力，当然，他们之间的关系也开始产生；如果深入了解后，发现两人还是老乡，那他们之间的压力就会不断加大，但同时关系也会越来越好；当两人之间的压力达到临界点，如一个人向另一个人借一大笔钱时，这种压力便使得他们之间的关系开始恶化，并随着压力的进一步加大，他们之间的关系会越来越差。

这种压力—关系曲线普遍存在于人与人之间的交往中，当然在房地产销售中也不例外。热恋中的男女，当男孩没有征得女孩同意就亲吻了女孩时，他们之间的压力加大了，但他们之间的关系也变得更好了。在房地产销售中，置业顾问没有事前征得顾客的同意，就要求顾客下定也是一样的，这不会破坏与顾客的关系，只会加强与顾客的关系。因此，在销售过程中，不要害怕要求顾客下定或提出一些其他要求。

有一点值得提醒，不能对顾客施加过大的压力。我时常看到有些置业顾问对顾客说："你快点过来下定，不然，我们公司的另外一位同事的客人就要过来下定了。"或者是用一些时间来限制顾客，如下午两点前过来，不然就有其他客人要下定了。这种用强硬口气逼定的做法一定要留有余地，要不然，最后的结果只能是把顾客"逼"上梁山。其实，顾客是非常不愿意别人逼迫他做决定的，专业的置业顾问需要给顾客施压，但会留下退路，不会用强硬的语气去要求顾客，可以通过制造"紧张感"来达到逼定的效果。记住：利用"王婆卖瓜"式逼定法远没有利用"第三者制造紧张感"来得有效。

第21章 精准营销，顾客需求鉴定的NEADS公式

全世界年房屋销售量最多的吉尼斯世界纪录保持者汤姆·霍普金斯在销售过程中创造发明了一个探测顾客需求的公式——NEADS顾客需求鉴定公式，从而使寻求顾客需求的工作变得简单而有效。NEADS公式适用于客户已经在使用同类产品，而你想使自己的产品成为替代品的情况。通过了解对方使用当前产品的情况，了解对方满意和不满意的地方，进而为他提出更好的解决方案。在房地产销售中，则通过了解顾客对现在居住（不管是租来的，还是自己买的住房）情况满意和不满意的地方，进而了解顾客显性、隐性的住房需求并提出相应的销售方案。

N（Now）现在——什么是顾客现在所拥有的？

只有了解顾客现在所使用的产品，才能知道顾客的价值观，以及顾客真正喜欢什么。比如，顾客现在居住的是一套60平方米的两居室，他对现在居住的户型、邻里关系、物业管理、地段、配套、周边环境等最满意的是什么地方，如果我们推荐的房屋与他的喜好相吻合，那么，是比较容易打动顾客的。

E（Enjoy）满意——顾客对现有产品哪里比较满意？

人的心理很奇特，那就是永远只购买自己喜欢的产品，而不会购买自己不喜欢的产品，就如同一对恋人，要喜欢对方，才会和对方在一起。顾客对现在居住的户型、邻居关系、物业管理、地段、配套、周边环境等最

不满意的又是什么地方？我们在推荐房屋时则要尽量避免类似问题，这样销售房屋才会提高效率，减少顾客拒绝。

A （Alter） 不满意——顾客对现有产品哪里不满意，最想改变的是什么？

我们知道有些顾客是怀旧型的，但也有些顾客是新潮型的，他们喜新厌旧，不会再使用自己曾经使用过的东西。当然，他们在使用过去的产品的过程中出现了一些不愉快或者厌恶心理，想获得新的体验与感受。所以，你必须想方设法了解清楚顾客最想改变的是什么，然后，再据此设定你的工作方向。

D （Decision - maker） 决策者——谁是最后的决策者？

如果我们不了解谁是决策人，或者成交时决策人不在场，那经常会发生令我们叫屈的事情，那就是当我们做了房屋介绍、信息沟通、价格谈判之后，对方突然告诉你："对不起，这件事我做不了主，还得去问我爸爸……"因此，了解顾客需求时，一定要先了解谁有决策权。你可以问顾客："假如我们很幸运能为您找到您想要的房子，除了您之外，还有谁需要参与最后的决策？"决策者才是这宗房屋买卖的核心人物，所以找对决策者是非常重要的，否则会浪费你许多时间，并消磨你的信心。

S （Solution） 解决方案——如何提供满意的方案，解决不满意的地方？

推销是信心的传递、情绪的转移，你要给顾客传递一个信念——你是最好的、最棒的，你能为顾客解决一切问题。一位优秀的置业顾问，应该有能力研究与分析顾客的置业需求，并能够为顾客推荐最符合需要的房屋，协助顾客与业主之间达成价格谈判，最终成交。

在房地产销售中具体如何利用"NEADS"开展顾客需求探测，可参考下述情景对话。

经纪人：某某先生，请问您现在住哪里？（了解顾客目前居住状况）

顾　客：我就住在骏丰花园。（顾客用疑惑的口吻回答，不知售楼人员问这干嘛）

经纪人：好地方啊，我有个同学也住在这个小区。（套近乎，通过有同学也住在这个小区来认可顾客，拉近与顾客的关系，同时了解顾客对目前居住的满意之处）

顾　客：嗯，是个不错的小区，这里安静，小区住户素质高，生活特别舒适，就是目前住的这套房子才60平方米，小了点。（顾客道出自己对目前居住状况的满意之处及不满意之处）

经纪人：对，的确是一个舒适的小区。不过根据您刚才所讲，您说希望买一套120平方米左右的房子，60平方米的确是小了点。哦，对了，我们在这个小区也有一些大面积的单元，不知您是否会考虑呢？（试探性提出问题，看顾客对目前居住是否还有什么其他不满）

顾　客：哦，因为去年工作调动，目前每天上下班在路上花费的时间实在太多，还是希望在工作单位附近找个同类型的小区。（顾客道出另一个不满，就是离上班地点远了点）

经纪人：那是，骏丰花园离您上班的地方确实远了些，其实您工作单位附近的城市花园跟您现在住的小区很相似，是个素质非常高的小区，并且离您上班的地方也只有十分钟左右的路程，那里的大面积单元您觉得如何？（认同顾客中，继续试探顾客）

顾　客：嗯，听说那里不错，你们有120平方米左右，大概80万元的单元吗？（顾客道出需求，并讲出期望）

经纪人：房子是找出来的，关键是我公司在那里有非常丰富的客源和房源，我们会迅速帮您找到您想要的房子。哦，对了，顺便问一下，这次买房房产证写您名字，还是……（强调公司在这个小区的专业性，增加顾客信心，并顺势试探一下买房决策人是谁）

顾　客：写我的就行了（顾客表明自己是决策人）

经纪人：嗯，另外还有其他什么特别要求吗？（了解顾客买房要考虑的其他因素）

顾　客：就是价格要控制在100万元左右，不能太高。（顾客强调价格，看来这是他的预算上限）

第22章 如何塑造房屋价值，引爆顾客购楼情绪

同样一双跑鞋，为什么耐克的600多元、李宁的200多元、特步的400多元、361°的300多元？还是同样一双鞋，在地摊上卖不过几十元，到了商场、专卖店，会涨到一百元甚至几百元。有人说那是品牌的作用，还有人说不同地方的租金不同，价格当然不同。不论你是选择卖品牌，还是卖文化，我们都要承认，今天我们已经从产品制造时代进入产品价值塑造时代。在产品供大于求的今天，谁能更好地塑造产品的价值，谁就会取得最终的胜利。

其实，顾客在购买商品时，会考虑两种价值——实际价值和心理价值。实际价值就是它实际上可以产生的价值，是一种实实在在的价值，可以通过同类产品的价值对比获得；心理价值则应满足顾客的某些欲望，实现顾客的某些梦想或者可以减少顾客的某些痛苦，是顾客内心深处的满足，是一种感觉。购买宝马的人有时候并不是在乎车子本身的性能，而是看中了宝马的品牌价值，即开宝马的感觉和那种身份象征，买奔驰的人也一样，倾向于一种尊贵身份的认同。从这里我们可以看到，有时候顾客在购买商品时看中的不仅仅是产品的实际价值，更是产品的心理价值。因此，在销售过程中，客户买的永远不止是你的产品和服务，更为重要的是他对你的产品的心理感知价值。如果在销售中你不会塑造价值，那么你的销售将会力不从心。

在房地产销售中，销售人员应该如何塑造房屋的价值，引爆顾客购楼情绪呢？我们先来看一个成功塑造了“外墙很破、天花板渗水”的房屋价值的销售案例。

经纪人：郑先生，您看对面那栋楼，3 楼从左向右数，第一个阳台就是我跟您讲的这套房子。（售楼人员站在学校一侧，边说边指着一套房子在向顾客推荐）

顾　客：啊，不会吧，外墙这么破！（这套房子楼龄 30 年，外墙当然破，不过却要 10000 元/平方米，顾客没想到这么贵的房子却这么破，非常不满）

经纪人：嗯，的确是有点破。（售楼人员故意看了看，先认同顾客，不与顾客争论）

经纪人：对了，请问您知不知道去年高考英语的单科状元叫什么名字？（售楼人员塑造学区房的价值）

顾　客：不知道哦。

经纪人：是　　，您知不知道，他小时候就是在这所小学读书的。（售楼人员用“状元”塑造房屋价值）

顾　客：啊，那会不会渗水？（顾客听说这所小学出了状元，就跟经纪人去看房，一进房间，再次表现出不满）

经纪人：嗯，是有点渗水，不过好像不是特别厉害。（售楼人员再次附和顾客）请问您知道大前年高考物理单科状元叫什么名字吗？（售楼人员再次塑造学区房的价值）

顾　客：不知道。

经纪人：是　　，您知不知道，他小时候也是在这所小学读书的。（售楼人员再次用“状元”来塑造房屋价值）

在这个销售案例中，售楼人员推荐的房屋外墙破旧，天花板渗水，从实际价值来讲，顾客通常会拒绝，但这所小学曾经出了不少状元，“状元”这个心理价值却是顾客非常希望得到的。售楼人员在介绍房屋时，巧妙地塑造出了房屋的心理价值而得到顾客的认可，从而将房屋销售出去。我们将塑造房屋的心理价值，引爆顾客购楼情绪的要点总结如下。

一、 利用地段、 环境和景观塑造房屋价值

房地产三要素——第一要素：地段；第二要素：地段；第三要素：地段。房屋介绍时，一定要强化房屋的地段优势，地段带来的是保值、升值以及生活的便利。此外，环境及景观等也是卖生活的概念，可以通过这两个方面强调入住后的生活舒适性。

二、 量化你的房屋价值

如果你的楼盘价值是无法量化的，顾客就很难相信你的产品，因为数据的说服力比空口说白话要强一百倍，所以要量化你的价值，从实际价值和心理价值两个方面进行量化。比如，你介绍的这套房子比市场价低了500 元/平方米，这就是你推荐的房屋带给顾客的实际价值。心理价值是客户内心深处的满足，是一种感觉，是满足顾客的欲望、实现顾客梦想的东西。比如，告诉他们入住你推荐的房屋后，生活更舒适、出行更方便、物业管理更安全，抑或是更有地位、更自豪等。

三、 用材料和工艺来塑造房屋的价值

例如，你告诉顾客，这套房子以前的主人是电信局局长，当时装修用的材料都是进口的，质量非常好，连防盗网用的不锈钢都是特制的，比普通的厚。卖一手楼时，置业顾问经常告诉顾客他们小区的相关材料的品牌、市场价格等来让顾客相信房屋质量非常好，或用建筑工艺等来塑造房屋价值。

四、 利用楼盘的稀有性和独特性塑造价值

稀有性或独特性是顾客无从比较的，所以，在你强调楼盘的稀有性和独特性时，会给购楼者一种不买就错过机会的感觉，以此来塑造房屋价值是非常有效的。

第23章
让顾客无法货比三家的“唯一性”成交法则

有一次，我在房地产销售技巧训练班上举行了一个“拍卖会”情景模拟，我要拍卖的是一两茶叶，我要求学员们出价，谁出价最高，谁就可以得到这一两茶叶。当同学们准备出价时，我赶忙说，等我介绍完，再请同学们出价。于是，我开始介绍这两茶叶，我说：“全世界只有一个地方可以产这种茶叶，就是武夷山。由于阳光、日照、土壤、岩石的不同，能产这种茶叶的茶树在武夷山只有两棵，且每年只能摘一次茶叶，一共是五两，其中二两被送往中南海，一两送往美国白宫，剩下二两，其中一两种茶叶的人要留给自己喝，我手上的就是剩下的那一两，请各位出价。”我看到学员们纷纷估价，有的说1000元，有的说10000元，甚至有人出到100000元。一轮竞价之后，我问学员：“这一两茶叶有什么好处，有抗癌功效吗？有滋阴壮阳的功效吗？有其他特殊功效吗？我都没说有这些功效吧，这或许只是一两非常普通的茶叶吧，你们为什么出这么高的价格？”学员们异口同声地回答：“它只剩下一两啦，物以稀为贵。”

好一个“物以稀为贵”。心理学研究表明，人们往往会为“稀有”埋单。怪不得鲁迅先生在《在仙台》一文中说到：“北京的白菜运往浙江，尊为‘胶菜’，福建野生的芦荟，运往北京后，被请进北京的温室，美其名曰‘龙舌兰’。”鲁迅先生是文学家，但是无意中却给人们讲出了“物以稀为贵”的经济学道理。曾经有人做过一项心理测试，邀请被测试者品尝一块巧克力曲奇饼干，当从一个满满的罐子里拿曲奇饼干给他们吃时，他们说这饼干味道不错；当从一个几乎空了的罐子里拿曲奇饼干给他们吃时，他们说这饼干味道更棒（其实，两块曲奇饼干是同一种）。这项研究说明了人类天性中极为有趣的一面，即人们往往认为越稀罕的东西，价值就越高。

在房地产销售中，只要我们充分运用好这一原理，那天下就不再有卖不出去的房子。在房屋介绍中，如何介绍房屋的唯一性以达到“物以稀为贵”的效果，以下几个方法需要大家熟练运用。

一、 只介绍部分内容， 以达唯一的效果

为什么学员们会觉得上述拍卖茶叶案例中的茶叶是唯一的呢？主要是因为我在介绍这一两茶叶时，只介绍了小部分内容。当我听到学员出价越来越高时，我打断学员，要求大家听我完全介绍清楚这一两茶叶后再出价。于是，我说：“世界上任何一个人都是唯一的，哪怕是孪生兄弟，也一定会有差别，最起码他们之间的DNA是绝对不同的。世界上任何一棵树也都有其独特的DNA，是唯一的。像这两棵‘唯一’的茶树一样的树，武夷山还有三万棵，一年产茶叶500吨，其中一吨连同这两棵茶树的二两一起被送往中南海，给中南海的清洁工人泡茶喝；其中还有半吨，连同这两棵茶树的一两一起被运往美国白宫，给白宫的化粪池清洁工人泡茶喝。这就是剩下的那一两，现在请各位出价。”当学员听到这里时，都觉得太普通了，不想要了，更不要说出高价了。接着我问大家，我刚才在说第一段话的时候有没有欺骗各位，学员们异口同声表示“没有”，他们觉得那一两茶叶“昂贵”，主要是因为没有听完我讲的全部内容。

其实，在房屋介绍中也一样，当置业顾问只讲出部分内容时，很多顾客便会自己说服自己，认为这套房子是唯一的，价值非常高。记得有一次房地产销售技巧培训，我请一位身体较胖的学员上来做情景演练，我要求该胖同学扮演顾客，我向他推销一套顶楼七楼没有电梯的房子，我问他是否考虑这套房子时，他说楼层太高。于时，我问他：“张先生，您有没有留意这样一个事实，凡是从顶楼七楼走下来的人个个都特别健康?”他深

思了一会儿，表示同意。于是，我又问他："张先生，您希望自己也特别健康吗?"他沉默一会儿，还是表示希望特别健康。于是，我说："张先生，您知道该怎么办了。"

在这个情景演练中，我只是介绍了部分内容，而导致张同学认为只有从顶楼七楼走下来的人才特别健康，其实从六楼走下来，五楼走下来的，甚至连一楼走出来的人都可能特别健康。只是我在介绍中没有提及这些楼层，以至于对方以为只有住在顶楼七楼的住户才特别健康。在房地产销售中，这种只介绍部分内容，以达到"唯一"效果的方法被广泛运用。

二、以"少有"或"独家"等来塑造唯一性

独家代理、特价单位、一年只有这一套单位放盘、限时销售盘源、明天就会进行价格调整、唯一没有涨价的房子等都可以表现房屋的唯一性，以此来刺激顾客购买。

三、寻找房屋本身的独特性及唯一性

可以依据地段、景观、朝向、人文环境、户型、小区配套、价格、楼层、绿化、交通、学校、医院、重大市政设施等要素寻找所推销房屋与周边房屋的区别，以及独特的地方。以此来表达房屋的唯一性，提高房屋在顾客心中的心理价值。

第24章 房屋销售，搞对时间真的很重要

有一次，我在《开单也疯狂》课堂上问一位女性学员，我说："张小姐，假设今天早上你没有来参加我们这个房地产销售特训营，而是去从事女性一般都特别喜欢做的事——逛街，你逛街逛到中午12点回家吃饭，吃完饭后再来上邓老师的课程，请你仔细回想一下，你以前买东西是不是一般都在中午12点前？"她告诉我她上午一般不买东西。于是，我又问道："假如下午去逛街，或者是晚上去逛街，逛完街一般会有什么收获？"她告诉我一般都是大包小包提回家。听完她的回答，我又问道："为什么12点以前你不买东西，而下午或晚上逛街则喜欢买东西？"这时，下面很多人都参与回答，有的说女性上午比较清醒；有的人说女性上午逛街时总觉得还有时间，不会做决策；还有的人说，这是女性的个人习惯。

如果此时，我向你提出这个问题，你会觉得这其中的主要原因是什么？不管你如何回答，有一点是确定的，女性这种"早上12点以前逛街一般不买东西，而下午或晚上逛街则比较喜欢买东西"的习惯，不是某一个人的行为，全中国绝大多数女性都有这种习惯，甚至全世界的绝大多数女性都一样。你绝对不可以把这种行为说成是某个女性或某些女性的行为习惯。

心理学家对此种现象做了一个概括性的解释，即女性在下午或晚上相对比较容易被销售员说服。相对男性来说，女性天生更喜欢逛街，有人说

女人一生三分之一的时间是在逛街，而且越逛越上瘾。但女性逛街不一定是为了买东西，很多时候仅仅只是一种爱好。只要时间允许，绝大多数女性逛街做购买决定通常会在下午或晚上。当我们掌握了这一原理时，试想一下，如果我们带一位有决策权的女性去看楼，看完楼后想立即逼该女性下定，或者我们想约一位女性业主过来签合同，该约什么时候好一些呢？在你的房地产销售生涯中，有没有遇到过类似的现象，昨晚约一位女性业主过来签合同，她什么都答应没问题，可第二天早上10点钟她一来到门店，就说这儿有问题，那儿也有问题。你可能会想，昨晚可能哪里没有做好，哪里可能有遗漏，但是你有没有想过，也许是你约她来签合同的时间不对呢？

除了女性这种特殊的时间特性外，各行各业的人作息时间都会有所不同，我们在跟进业主及买家的时候，在与业主或买家议价的时候，预约看楼的时候，签约的时候，均要照顾到业主及买家的工作时间、作息时间。比如，你到一位退休的老大爷家看房，如果老大爷有孙子，一般早上7点多要送孙子上学，之后可能去菜市场买菜，大概9点半至10点左右回家，下午5点前后要去接孙子回家，老人家一般中午12点至下午2点半要吃午饭及午休。这些时间段你是绝对不能约他的。而上班族一般在工作时间可以接电话，但中午12点至下午2点半是铁打不动的午休时间，你千万不要打电话打扰他们的午休，要不然他们会非常不高兴。

当然，各种职业的作息时间会因所处区域不同而有所不同，你需要考虑到你所在城市的生活节奏，生活节奏会影响人们的作息时间。比如，在北、上、广、深等一线城市，一般白领中午是没有时间回家吃饭的，但很多小城市的人却经常回家吃中午饭。不过，就总体而言，各类人群的作息时间符合下列规律。

年轻人：刚走上工作岗位，一般上班时间没有太多空闲，可利用的时间多在星期六、星期日及下班后。

外资企业员工：管理较严格，可利用的时间多在星期六、星期日及下班后。

窗口经办人员（机关/银行/收费）：上班时间严禁电话联系，可利用时间为工作外时间。

普通公务员：上班时间可电话联系，但午休时间严禁电话联系。

机关领导：上班时间可电话联系，午休严禁电话联系，一般不太喜欢别人星期六、星期日占用他的时间。

私企老板：时间较灵活，一般不宜在晚上 8—10 点联系，此时他们大多在应酬。

企业高管：时间有一定的灵活性，一般电话联系没有问题。

老师：上班时间可发短信预约一下通电话的时间（一般上班时间，老师要上课）。

工人/柜台销售：上班时间严禁电话联系，可利用时间为工作外时间。

医护人员：上班时间可电话联系，午休时间严禁电话联系。

非柜台销售人员：时间较灵活，但晚上 8—10 点可能会有应酬。

家庭主妇：下午 5 点以后都没有时间。

第25章 是的，你可以将冰卖给爱斯基摩人

在美国有一家鞋子制造厂，为了扩大市场，工厂老板便派一位市场经理到非洲的一个孤城调查。那位市场经理一抵达，就发现当地的人们没有穿鞋子的习惯，回到旅馆，他马上发电报告诉老板说："这里的居民从不穿鞋，此地无市场。"当老板接到电报后，思索良久，便吩咐另一位市场经理去实地调查。当这位市场经理见到当地人没穿任何鞋子的时候，心中兴奋万分，一回到旅馆，马上电告老板："此岛居民无鞋穿，市场潜力巨大，快寄一百万双鞋子过来。"

这是众多市场营销教科书都引用的一个经典案例，这个案例表达的意思是我们面对任何事情，都要用乐观积极的心态去面对。同样面对相同的非洲市场，同样面对打赤脚的非洲人，不同的营销人员却产生了截然不同的两种观点，一个人悲观失望，不战而败；另一个人乐观自信，大获全胜。悲观的营销人员叫苦连天，心想这么个地方怎么会卖得出鞋子呢？于是打包回去了。而积极乐观的营销人员却喜出望外，心想如果所有的人都穿鞋子，那么我的市场该有多大啊。这作为一个思维训练或是激励个案是非常不错的，它教导我们凡事要看正面，凡事要积极乐观应对。当我们手持半杯水时，千万不要做悲观的营销人员，说这只杯子一半是空的；而应该做积极乐观的营销人员，说这只杯子一半是满的。

如果回归到销售实操上来讨论这个案例，假设我现在给你一批鞋子，

面对一群没有穿鞋的非洲人，你可以用什么话术来说服非洲人买鞋呢？遗憾的是，在所有的市场营销教科书中没有给出答案。在我举办的《开单也疯狂》的课堂上，我曾经把这个作业布置给所有的学员，要求他们听完课程之后一定要编制出成功推销的话术。事实上，他们都做到了。为了让正在阅读的你也可以轻松地把鞋子推销给不穿鞋的非洲人，我先示范一个将冰卖给爱斯基摩人的案例，请你也根据示范，设计出把鞋子推销给非洲人的话术。我们知道爱斯基摩人生活在冰天雪地的北极，他们要普通的冰块干什么呢？我们先来看下面这则对话。

推 销 员：您好，我来自遥远的中国，我在中国就听说爱斯基摩人是非常伟大的一个民族，今天能见到您，真是荣幸。

爱斯基摩人：您好，欢迎来到北极。

推 销 员：是这样的，我们13亿中国人都非常敬仰你们这个伟大的民族，但同时，他们和我一样，感到非常纳闷的一件事就是爱斯基摩人从来都不买冰，是这样的吗？

爱斯基摩人：是的。

推 销 员：哦，为什么呢？

爱斯基摩人：你没看到吗？我们这里到处都是冰。

推 销 员：哦，原来这里到处都是冰。那除了冰之外，这里还有什么呢？你？我？对了，远处那一群动物是不是北极熊？

爱斯基摩人：是的。

推 销 员：您看，那只北极熊在干什么，是在大便？还是小便？你们这里的冰肯定有好多大肠杆菌啊！

爱斯基摩人沉默。

推 销 员：哦，这是您的小孩吗？好可爱哦。（推销员指着一旁的一位五六岁的小孩）

爱斯基摩人：是的。

推 销 员：看得出来，您一定非常爱他吧。您看，您非常会带小孩，他多么可爱。

爱斯基摩人：这个当然，哪个做父母的不爱自己的小孩呢？

推　销　员：说得也是，我也有一个小孩，也非常爱他。我们中国人是这样爱小孩的，在他童年的时候，只要经济条件允许，让他使用质量好一点的东西，不知您是不是也这样爱孩子的呢？

爱斯基摩人：这个当然，你看，我孩子爱喝可乐，我连你们喝的可乐都买给他喝。

推　销　员：是吗？不过，我觉得你不太爱你的孩子。

爱斯基摩人：为什么这么说呢？

推　销　员：您看，您小孩喝可乐，您还让他放有大肠杆菌的冰，您说这是爱他吗？

爱斯基摩人：这个……（有点不知如何是好）

推　销　员：您真的爱他吗？

爱斯基摩人：这个当然。

推　销　员：那您要不要更爱他，让他以后喝可乐时，放那些没有大肠杆菌的冰。

爱斯基摩人：可我们这里的冰都是这样的啊。

推　销　员：如果您真的爱您孩子的话，那我恭喜您，我这里正好有没有大肠杆菌的冰。

爱斯基摩人：哦，那太谢谢你了。

在这个案例中，非常经典地运用了我们之前讲的“标签法”及“第三人需求开发”。推销员没有将冰直接推销给爱斯基摩人，因为有没有大肠杆菌对爱斯基摩人来说是无所谓的。因此，推销员将冰推销给爱斯基摩人的小孩，事实上，大肠杆菌对他们的小孩也可能是无所谓的。但这里推销员将爱推销给了爱斯基摩人，他把“爱孩子”这个标签贴在爱斯基摩人身上，并且用“要让孩子用质量好一点的东西”来给爱孩子下定义，从而完美地将冰推销出去。相信你理解这种方法之后，设计将鞋子卖给非洲人的话术也会变得非常简单。这种“标签法＋第三人需求开发”的组合运用在房地产销售中也是行之有效的。房地产销售人员必须非常熟练地运用这种组合销售技巧。让我们看看下面这则爸爸给儿子买楼的案例。

推销员：张爸爸您好，今天见到您真幸运，前几次听张大哥提起，您真是一位了不起的父亲，太伟大了，我要是有您这样伟大的父亲就好了。（张爸爸在他儿子的邀请下，一起来看这套房子，他儿子之前看了一次，觉得不错，这次带他爸爸来看，因为钱是爸爸出）

张爸爸：没什么，做父亲的就是这样。（得意地笑笑）

推销员：在我眼里您就是一位伟大的父亲，要是我爸爸也这样对我就太好了。（激起张爸爸的父爱）

张爸爸不语，得意地笑了。

推销员：张爸爸，下次有空请您到我家做客，跟我爸爸也好好沟通一下，我觉得您太伟大了。我爸爸一定会喜欢交您这样的朋友的。（再次强化“伟大父亲”这个标签，让张爸爸不断自我确认）

张爸爸：好啊。（微笑着回答）

推销员：您看，张大哥喜欢什么您就买什么给他，听说小时候他要什么玩具，您就买什么；长大了，他想吃什么，您就让他吃什么；现在他喜欢什么房子，您也买给他。太伟大了，要是我爸爸这样对我就好了。（给“伟大父亲”下定义，“伟大”就是儿子要什么，做父亲的就买给他）

张爸爸微笑不语。

……

于是，推销员不断介绍房子如何好，并说他儿子非常喜欢。

……

推销员：张爸爸，您看您儿子这么喜欢这套房子，您要不就再伟大一回，买给他算了。

张爸爸：好吧。（儿子看第二遍表明他喜欢，而张爸爸这时如果不买，就表明他不再伟大，不爱儿子了）

第26章 牵着顾客鼻子成交的第一售楼技巧

老师：各位学员，在你们的日常生活中，吃鸡蛋比较多，还是吃鸭蛋比较多？

学员：吃鸡蛋比较多。

老师：那是鸡蛋比较大，还是鸭蛋比较大？

学员：当然是鸭蛋比较大。

老师：那是鸡蛋比较有营养，还是鸭蛋比较有营养？

学员：鸡蛋。（也有人说鸭蛋有营养）

老师：据科学研究表明，两种蛋的营养价值其实差不多，那为什么你们会吃鸡蛋比较多，而吃鸭蛋比较少呢？

学员：鸡多。（大笑）

老师：在农村长大的人都知道，鸡是所有动物中最有推销天赋的动物，因为他们生下蛋后比较兴奋，鸡一旦兴奋就会叫，人们马上就知道鸡生了蛋，就拿来吃；而鸭子生完蛋，每次都不吭声，没有人知道它们生蛋了，于是，吃鸭蛋的人当然也就少了。

大多数学员微笑不语。

老师：各位学员，你们希不希望业绩好？

学员：希望。

老师：希望业绩好，那你们要不要兴奋一点儿，你们现在够兴奋吗？

学员：兴奋。

这是我在一次房地产销售课堂中与学员的互动游戏，这个游戏表明成交其实就是“问”出来的。其实，销售就是一场思路控制型的游戏，如果我们的思路跟着顾客走，也就是我们被顾客牵着鼻子走，是永远不会达成销售的。例如，顾客说我们推荐的房子价格太高，我们就总是根据顾客的意思，来讨论房子价格高不高，这样永远都没有办法消除顾客的抗拒。反过来，当我们用提问的方式来回答顾客时，变成顾客被我们提问，他必须回答，他一旦回答，原来的思路就会被我们打断，他就会被我们牵着鼻子走了，这样他的谈话思路被我们控制了。例如，你正同某人吵架，突然你问对方：“中午吃饭了没有?”对方狠狠地说：“吃不吃饭关你什么事!”你立即回答说：“关不关我事，问一下不行吗？到底吃了没有?”于是，两个人刚才在吵什么可能已经全部被打断，甚至被忽略了，大家现在争吵的主题立即转变成“对方有没有吃饭，关不关我事”了。你这么提出问题，一下子就牵制了对方，控制了对方的争吵思路。这就是提问的妙处所在，“提问成交法”又被称为“销售第一技巧”。一个人问问题水平的好坏，将直接决定他业绩的高低；一个人问问题水平的高低，也将决定他生活水平的高低。

一个优秀的房地产销售人员一定是一个非常善于提问的人，他们用提问来引导顾客看楼，用提问来引导议价，用提问来引导顾客决策。在日常工作中，一定要不断地训练自己的提问能力，在日常交谈中，也尽量用提问的方式与他人沟通。真正的沟通高手，一般每讲三句话，最少有一句是提问。下面我们看一则巧用“提问”的房地产销售案例。

顾　客：小刘，我跟你看楼都两个月了，我一直把你当朋友看，不知你是否也把我当朋友看?

经纪人：吕大哥，我怎么会不把您当朋友看呢？您就是我的大哥啊。

顾　客：既然这样，那每次看完楼，你总是让我下定，我在想啊，现在国家不断出台调控政策，楼价好像有下行趋势，你却不断要我买楼，说句心里话，既然你当我是朋友，那我问你，现在买楼到底合不合适?

经纪人：吕大哥，现在买楼到底合不合适，您这个问题问到点子上了。这样，吕大哥，我先问您，您买这套房子是用来自住的，还是投资用的？（用反问，把顾客的思路转化到自住及投资方面。会问现在买楼合不合适的人，一定是自住的，投资客一般较专业，不可能问这个问题。经纪人这么问，其实就是要通过自住及投资买房的对比来引导顾客的思路一步一步向成交靠拢）

顾　客：当然是自住，这年头谁还来投资房地产。

经纪人：吕大哥，如果您是买来投资，我真的要劝您现在不要买房，因为楼价现在很不确定。但如果是买来自住，我倒建议您现在要立即买房。（通过“否定—肯定”来建立顾客信赖感）

顾　客：为什么这么说呢？

经纪人：吕大哥，我问您，如果十年前您买了一套房子，现在卖出去，是赚了，还是亏了？（经纪人不正面回答，继续用提问来引导顾客的思路，经纪人要让顾客自己说服自己，就必须用提问代替所有的解说）

顾　客：当然是赚了，应该有两倍吧。

经纪人：这个当然，不过我想问您，这十年来广州的楼价有没有涨过，有没有跌过？

顾　客：当然有涨过，也有跌过，十年都一两个经济周期了。

经纪人：吕大哥，您说您买房是自住的，自住的话，少说也得住上个五年、十年吧。

顾　客：当然。

经纪人：往后十年里，广州的楼价是不是肯定也有上涨的空间，也一定会有下跌的时期，您说是吧？

顾　客：应该是这样。

经纪人：不管这十年如何上涨或下跌，您觉得整体来讲十年后的广州楼价与现在相比会是怎么样的呢？

顾　客：当然会比现在高啦。

经纪人：所以说，吕大哥，现在您没有必要担心未来楼价涨跌问题，立即购买就是，您说对吗？

顾　客：万一下半年房价下跌，我趁低杀入，购入成本减少，到时不是赚得更多吗？

经纪人：吕大哥，您讲到关键点上了，万一下半年楼价下跌，趁低杀入，到时确实可以赚得更多，也有很多人抱有这种想法。但是您想一下，万一下半年楼价真的下跌了，当然这种可能性非常小，会有多少人杀入市场购楼呢？到时，好一点的房子都被抢购，只要价格低，楼都没看清楚，大家就得出手，要不然，就买不着，您说是吧？而您又是要买来自住的，万一买到的房子并不十分适合居住，住得不舒服，就是价格低了一两万元又有什么用呢？您想想，为了不一定能省下的一两万元，您购了一套让自己住得不舒服的房子，是多么痛苦的一件事情，您说对吧？更何况这种不舒服要坚持十年，这您能够忍受吗？而现在就不一样了，现在买楼的人不多，您就可以擦亮眼睛挑房子，直到挑到您满意的房子，让自己舒舒服服过上十年，您难道觉得不值吗？所以，吕大哥，我劝您现在立即购房子，你说呢？

顾　客：听你这么一说，我明白了。

经纪人：吕大哥，您说现在买房合不合适？（利用反问的技巧，让顾客去说服自己）

顾　客：非常合适。

第27章 故事营销也可以击中顾客需求痛处

在现阶段宏观调控之下，有一类顾客的销售成交难度是较大的，那就是改善型顾客的置业。这些改善型顾客现在住着不错的房子，由于经济条件好了，想改善一下居住状况，但他们会长时间观望，不着急。对于这样的顾客，应该如何达成交易呢？前不久，就有一个学员问到我这个问题。

其实，对于这一类顾客，关键是改变他们的消费观念。如果他们的消费观念没有改变，所表现出来的观望、不着急、无所谓的态度就很难改变，任何技巧对他们来说都没有太大的效果。因此，要想有成效，就必须先从改变顾客消费观念入手。我们还是先看看曾经问过我问题的那位学员在我的指导下，遇到类似情况，会采取哪些销售行为吧。他利用日常与顾客的沟通，不断与顾客开玩笑，并发短信来引导顾客，让顾客的消费观念一点点发生转变。下面是他发的一些经典短信：

短信1：上海均瑶集团董事长王均瑶，38岁时就拥有了35亿资产，可以说是业界的一个奇迹。别人想拥有的他都已拥有了，但可惜英年早逝。其妻改嫁给其生前的司机，结婚那天，该司机说：“我以前一直以为我给老板打了8年工，其实老板是为我打了38年工。”大家想一想，王均瑶最后的结果是不是有点可悲？辛苦一辈子，连命都搭进去了，最后却成就了另一个男人。

短信2：花出去的钱叫财产，花不出去的钱叫遗产。

短信3：一位中国老人在医院里用最后一口气说完最后一句话，他说他终于在临走之前把最后一个月的房贷给还上了，可以放心走了；一位美国老人在医院里也用最后一口气说完了最后一句话，他说他终于把用房子抵押给银行所获得的最后一笔贷款花完了，没有遗憾了。结论：活在当下，好好为自己活着。

试想，一位一直对自己非常苛刻，却积攒下大笔财产的人，在类似短信的不断引导下，会作何感想呢？更绝的是，这位学员还给顾客名片上的邮箱发了一些类似的“教育”式新闻。其中有一封邮件就是2012年7月，长沙路面塌陷现10米深坑，“生吞”宝马的新闻。宝马男30岁出头，当场身亡。他不断地用类似短信、新闻、故事来引导顾客，顾客的消费态度很快就发生了改变，很快就确定了自己的改善目标。

图27－1 事故现场

图27－2 事故现场

注：图片来自于网络

利用故事营销来达成成交是一个非常有趣的方法，怪不得有营销大师说，销售就是要学会讲故事，好的、贴切的故事可以让顾客发生观念转变，加速成交。故事营销的关键点有：

1. 故事一定要与你要表达的主题有关，需要经纪人平时多阅读。

2. 故事营销要有互动，要学会调侃，当然前提是与顾客保持良好的关系。

3. 可以借助一些与主题有关的新闻事件（故事）来引导顾客，这些新闻事件往往更具有时效性和说服力。

第28章 打好电话，为业绩插上翅膀

流利的口才与动听的声音是通往房地产销售冠军道路必不可少的一环，而在这方面对你来说最有用的却是那部小小的手机。一旦你学会了打电话的技巧，就会使你的房地产销售获得一半的成功。平庸的房地产销售人员认为打电话是一件很简单的事情，从未想去学习其中的沟通技巧；顶级的房地产销售人员却会注重通话中的沟通技巧和电话的功能，以至于在与业主及顾客通话后能够获得见面的机会。

一、 如何接听电话

1. 接听电话的时间。接听电话的时间也是一种心理战术，如果电话铃一响，你就拿起电话，顾客会认为你太在乎生意；如果响六声不接，顾客可能会挂上电话。最佳的接听时间为电话铃响三声时接起电话。当然，如果是固定电话中的广告热线，一般响两声就可以接起，因为这条电话线做了广告，随时都可能有人打电话进来，响三声才接，则有可能会错过一些电话。

2. 接听电话的声音。有句话说得非常好——电话一响，黄金万两。所以，接听电话时，你的声调要略高一点，表现出非常兴奋的样子。不管你正在做任何事情，或遇到了任何困难，一旦接起电话，立即就要调整你的心情，热情地向对方问好及简单自报家门。

3. 接电话时的等候。在接电话时，有时故意让对方等上十几秒，会让对方觉得你生意繁忙，很兴旺，这也是刺激购买所进行的一种暗示。当然，接电话过程中的这种“插曲”，必须要在了解客户的心理后选取适当的时机才能做。优秀的房地产销售人员会找到最佳的时机，不会让顾客在电话中等到恼火，但却使其产生更强烈的购买欲望。

4. 了解对方的名字。专业的房地产销售人员会这样与顾客沟通，当拿起话筒时说“您好”且语气礼貌而亲切，然后告诉对方我是某某公司的某某人，请问有什么可以帮到您，报上自己的公司及名字，然后稍作停顿，给顾客自报家门的机会。注意这里不用停顿太久，他想说会很快说出来的，不想说的话，你就用温柔而有亲和力的语调说：“请问我如何称呼您?”或者说：“请问我能知道您的尊姓大名吗?”

5. 引导顾客见面。房地产销售涉及金额巨大，电话中一般是不可能成交的。面对面的环境有利于推销，而你的电话交流则决定了顾客有没有兴趣见你。一般来说，顾客能够打电话咨询，说明他有一定的购买需求和兴趣。接听电话时，你可能还不太了解顾客的表情及心理，因此，说话一定要谨慎，切勿轻易失去一个客户。销售人员可以用问题来回答顾客的问题，将有助于激起顾客的好奇心，并有可能引导对方会面。

6. 电话约见。当与顾客约定见面时间、地点后，为什么对方还会失约?大多数情况是顾客忘记了这个约会，“好记性不如烂笔头”，我们可以用笔记录一下，快到约会时间时，提前用短信或电话提醒对方，或者也可以这样在电话里要求顾客：“请问您身边有没有笔?能不能记一下地点?”待对方跟你确认时，你再告之约定的时间、地点，这样带看房屋时，他们爽约的概率就会大幅下降。

二、 如何打电话

1. 问候。每个人都觉得自己是最重要的人物，都需要被人尊重，亲切的问候，就是对别人的尊重。因此，当你初次与顾客打交道时，最好用正式的称呼，以免顾客对你有看法。

2. 介绍。当我们打出电话时，要用热情友善的音调介绍自己，然后再介绍公司。不要一开始就急于推销，要先取得顾客的好感，建立信任。

3. 感激。客户是没有义务听你打电话的，哪怕是一分钟，他们都会觉得你在浪费他们的时间及金钱。因此，在打电话时，要保持交谈的气氛，让人觉得你的话语是由衷的，而不是客套话。如感谢您能与我交谈，我只需两分钟的时间。

4. 目的。打电话时，一定要表达出你打电话给对方的目的是什么，否则，对方不知道你要干什么。

5. 了解客户的需求。电话中要想方设法多收集一些业主或顾客的资料，了解他们的需求。

6. 介绍你推荐房屋的优势。约顾客前来看楼时，要有一个推荐理由，让对方渴望前来看楼。

7. 约见。打电话约顾客看楼时，如果对方同意前往，打完电话最好发一条短信，短信内容为路线图；如果顾客不来，则发一条感谢短信，加深顾客对你的印象。

狠篇

第29章 以柔克刚的同情心法则

生活中有不少人因坐公交车被偷走钱包，也有人在马路上行走被人抢走钱包。当钱包被偷或被抢之后，如何拿回钱包，并且要让钱包里面的钱一分不少？当问及这个问题时，绝大多数人都会认为这是绝对不可能的事情。但有个人却给出了不同的答案，我们来看看这位仁兄是如何追回自己的钱包的。

我的钱包被人抢过七七四十九次，被偷也有九九八十一次了，可每一次都一样，顶多三天，都被原原本本一样不少地送了回来，关键是我钱包里放了些“宝贝”，嘿，诸位要不要见识一下？①癌症晚期病危通知书一张（注明剩余30—90天生命）；②写给女朋友的分手信一封（邮票已贴）；③未缴的化疗缴费单一张（金额5万元，记住一定要是未缴的）；④希望工程捐款发票一张（金额5万元，署名“雷锋”）；⑤水电费催缴单、电话停机通知单各一张；⑥器官捐赠同意书一张；⑦带个人地址的名片五张（头衔是国际 自愿组织成员，名头越响越好）。

前天钱包被抢刚好第50次，昨天就寄回来了。数了数钱没少，还多了500元，加一张便条，便条内容如下：大哥，俺敬重您是热心为社会作贡献的大好人。知道您病了，特奉上500元，愿对您有所帮助。您放心，这都是俺捡了几个月垃圾赚来的辛苦钱。愿好人一生平安。

当我们看完上面这则笑话后，是否思考过这样一个问题，笑话中的主人公追回钱包的最“核心”方法是什么，他在推销什么？其实，笑话中的主人公追回钱包的方法就是我们常听到的“同情心法则”，通俗地说就是博取同情。世上人人都有同情心，当我们看到电视剧中的人物处境艰难时，当听到生活中别人遭遇不幸时，我们往往会觉得难过，甚至潸然泪下，情不自禁地想帮别人一把，即使这些人与我们非亲非故，素不相识。这就是人类的同情心，是人类富有感情的体现。人往往对比自己强大的人有戒心或竞争心理，而对境遇不如自己的人，则心怀同情，对他们少有戒备，更容易被他们的哀求所打动，满足他们的要求。

同情心是人性的弱点，我们不应该滥用它，但可以善用它，通过激发他人的同情心，为实现自身的目标服务。也许有人会说，我不需要别人的同情。这是因为你自尊心强，不想通过博取别人的同情而获得自己想要的东西，这没错，可以理解。不过，他人的同情心并不是毒药炸弹，正确看待它，你会得到很多意想不到的好处。例如，我以前有个同事，他的一次成交经历就证明了同情心的威力。他带一位顾客去看楼，结果这位顾客看上了一套房子，但这套房子的业主非常强硬，报价很高，不管我朋友如何游说就是不愿意降价，谈判陷入僵局。而这时我的朋友在闲聊中不经意透露了他自己目前的状态，他父亲在医院躺了一个月了，他现在每天都在拼命带客户看楼，要拼命赚钱来挽救父亲的生命。当业主听到这个消息后，立即让价成交，还跟经纪人成为好朋友，去医院看过他的父亲。

在房地产销售中，很多时候，我们善用“同情心”会取得意想不到的效果。当然，同情心不能滥用，一切要在法律的约束下，不要把“同情心”转变成“欺骗”。下面我们看两则在二手楼销售中，利用“同情心”化被动为主动的销售案例。

案例1：签完三方约后，顾客不愿意全额支付佣金，想先给一半，剩下一半过户后给。

经纪人：刘先生，麻烦您这边交一下中介佣金，谢谢。

顾　客：小王，这样，我现在给你一半，剩下的一半等过完户再给。

经纪人：刘先生，居间服务完成，我们要求是收取全额中介佣金的。

顾　客：我现在给一半，过户后再给另一半，又不会少你一分钱，你不用急，就这么办。

经纪人：刘先生，您说得非常对，其实您现在全额支付和现在付一半，过户后付一半，对您来说的确是一样的，您不用多付一分钱，当然也不会少付一分钱，您说是吧？

顾 客：是啊。

经纪人：刘先生，您知不知道，对我来讲就不一样了。

顾 客：有什么不一样？

经纪人：刘先生，您帮我评评理，我们公司有这样的规定，每次签完三方约，如果不能全额收到中介佣金，公司就说是因为我们服务不好才收不齐佣金。根据规定，凡是服务不好的经纪人就要被罚款800元，我的底薪才1000元。要不这样，刘先生，就算您帮我个忙，反正您也不会少付一分钱，请您现在就全付了吧。

顾 客：那算了，好吧。

案例2：经纪人带顾客去看楼，就在业主家楼下，经纪人拿到《顾客看房确认书》要求顾客签字，顾客不愿意在上面签字。

经纪人：张先生，请您帮我在这张《带看确认书》上签个名（提出签看房书的要求）

顾 客：哦，这上面写的什么，私下成交，什么需交5%的佣金，是什么意思（顾客对看房书上的条款特别敏感）

经纪人：哦，这上面说万一有人跳过我们中介，私下同业主成交的话，我们是要追究当事人责任的，也就是买卖双方本来各自应付的佣金都要当事人一方支付了。（销售人员解释看房书上的相关条款）

顾 客：那我到时不买楼，你们不会也要收我佣金吧？（顾客有疑问）

经纪人：当然不会了。其实，像张先生您这样，一眼看上去就是一个非常讲诚信的人，也不可能跳过我们，私下同业主成交的，所以我们也不可能追究您的佣金，您说对吧？

顾 客：那是。

经纪人：“所以说嘛，您签了字，也不可能有任何责任的，对吧？（继续鼓励顾客签看房书）

顾　客：嗯，那我不签，也不会有任何问题啊。（顾客突然决定不签）

经纪人：您就算是帮我一个忙，签一下吧。

顾　客：不用签啦，难道你信不过我吗？我像那种不讲诚信的人吗？

经纪人：当然不是啦，像您这么讲诚信的人，我怎么可能信不过呢？”

顾　客：所以说，那就不用签了。

经纪人：张先生，您有所不知，看楼前要客户签看房书，是我们公司规定的，要是我们带客人没有签看房书，公司会说我做事不规范，没有服务好顾客，才致使客户不肯签看房书的。如果您不签看房书的话，我会被罚很多钱。（销售人员一下子把责任推向公司，因为顾客的不作为，可能导致售楼人员受处罚，让顾客良心上受到指责）

顾　客：沉默了一阵子。

经纪人：张先生，像您这么讲诚信的人，其实您签和不签，对您都是一样的，可是对我就不一样了，这样吧，今天您就帮帮我，在这里签个名，等您买了房我一定会好好感谢您的。（顾客良心受责后，经纪人继续要求顾客签看房书）

顾　客：那好吧。

第30章 售楼逆境中，反败为胜的不二法门

美国《福布斯》杂志人物评论专家托罗斯·利特曼认为：“每个人都希望自己成为胜者，但是常常在最关键的时刻无法从多项选择中找到最正确的那一项，所以导致失败。因此，能在一刹那做出正确的抉择，是一个人成功的必备能力。”在生活中，由于各种各样的原因，许多人会常常受挫。在这种情况下，有些人就会一蹶不振，对前景不抱任何希望，甚至自暴自弃，这是可怜人的选择。相反，也有些人会咬紧牙关，让自己的心态积极起来，重新制定目标，摆脱失败的局面，这是强者的选择。其实，一个人在胜败之间的抉择，是关系到其命运的大问题。每个人都遭受过失败，而且不止一次。如果有从未遭受过失败的人，那他一定什么事都没做过。不做事固然不会失败，当然也就不会有成功的体验。

在房地产销售中，我们总是全力以赴地服务顾客，希望顾客被我们的热情打动，被我们销售的楼盘征服。但事实却往往与我们的愿望相反，不管我们的服务多么热情，推介楼盘的素质多么高，大部分顾客是不会购买的，而是转向我们的竞争对手。以平均数来计算，我们接待十位顾客，可能只有一位在我们这里成交，而另外九位中，有两至三位改变了主意，推延置业时间或以租赁代替置业；另外两至三位可能被我们的竞争对手拉走成交；剩下的可能转向其他区域置业。当我们付出了十分的努力时，却只收获了一分结果，面对此种情况，很多业务员消极对待，要不将原因归咎

于自己运气不好，要不归咎于自己销售技巧不好或者是市场调控等。他们无法从消极情绪中抽离出来，也不能面对失败。

每当顾客说不买或在其他地方买了房子时，优秀的房地产销售人员总能让顾客再介绍几个客人给他，虽然这个顾客短期内不会再向销售人员买楼了，但销售人员却会因为这位顾客而获得更多顾客。对于优秀的房地产销售人员来说，一个顾客的离开意味着更多顾客的增加。

下面我们来看一下优秀的房地产销售人员是如何通过一位顾客获得更多的客户资源的。

销售人员：唐先生，您好。今天上午有个业主放了一套骏丰花园的房子，我第一时间通知您，不知您明天上午或者下午是否方便过来看楼？

顾客：不好意思，我已经在家仲地产买楼了，昨天刚签约，已经付了首期款了。

销售人员：这么快？买的哪里？（售楼人员了解顾客具体买了哪里）

顾客：也是骏丰花园，A2 栋 706。

销售人员：哦，真替您高兴，您终于买到适合自己的房子了。

顾客：谢谢。

销售人员：哦，对了，您能不能帮我一个忙？因为我入房地产这行没有多久，很多地方需要提升，我想知道一下，您最后没有在我这里买楼，是不是因为我服务做得不好。（事实上售楼人员服务做得非常好，之所以这样问，就是想让顾客来否认）

顾客：不不……事实上你做得非常好，我没有在你这里买楼是因为……（售楼人员服务非常好，但顾客却没有跟这位售楼人员买楼，顾客心里一定会很内疚。其实，之前设计的问话就是要达到这种效果）

销售人员：那请问您能不能帮我了解一下，您还有同事要买楼吗？（不是问有没有朋友要买楼，这个范围太大了，顾客一时想不到那么多，肯定会说没有，因此问话的范围一定要越小越好，不停地问下去，问到顾客帮你找到几个买楼的人出来为止）

顾客：好像没有。

销售人员：那您的亲戚有人要买楼吗？

顾客：好像也没有。

销售：那大学同学呢？

……

从上述这段对话中可以得出这样的结论，带顾客去看楼的过程中，不论售楼人员服务做得多好，都不能代表顾客一定会在这位售楼人员处买楼。顾客在别的地方买楼是非常正常的事，当然这并不代表我喜欢顾客在别的销售人员那里买楼。问题的关键是，一旦顾客在别的销售人员那里买了楼后，售楼人员能在顾客那里得到点什么？如果房地产销售人员想从已经在别的地产中介买了房子的顾客口中得到其他购房客户信息，需要把握下面三个关键点，这三个关键点没有做好，是很难让顾客转介绍客户的。

一、日常带看楼过程中，一定要做好服务

如果房地产销售人员日常服务做得不好，就不会得到顾客的好感，更不可能得到顾客的转介绍。

二、不要问顾客我们有哪里做得不好，而是问是不是我服务做得不够好

销售人员问“您最后没有在我这里买楼，是不是因为我服务做得不好”，其实是故意的，问完要让顾客产生内疚感。如果销售人员问“您最后没有在我这里买楼，是不是因为我们哪里做得不好”，那顾客可能会说是你们盘源不够、信息不及时、价格高等，反而你要向顾客道歉，完全得不到让顾客内疚的效果了。

三、要求顾客转介绍时，要把转介绍人群缩小

要求顾客转介绍时，不是问“您有没有朋友要买楼”，这个范围太大了，顾客一时想不到那么多，肯定会说没有。因此，问话的范围一定要越小越好，不停地问下去，问到顾客帮你找到几个买楼的人出来为止。这里有一个前提，就是之前的发问一定要让顾客产生内疚，这样他才会耐着性子听下去。

第31章 防范行家踩盘/撬盘的强效法则

楚汉争霸时期有这样一则故事。一天，陈平不小心上了一艘贼船，当船划到江中央时，陈平察觉到情况不对，但又不能说出来，说出来，一定会被灭口。于是，陈平干脆脱下上衣，帮两个船夫划船，船夫看到陈平赤身光着膀子，身上没有放钱的地方，完全不像有钱的样子，于是打消了抢钱的念头，陈平也就转危为安了。

这里有两个关键点，一是经陈平的细心观察，辨别出了两个船夫有异样；二是，陈平脱去上衣，显出一副没钱的样子，打消了船夫抢劫的念头。在你的售楼工作中，是否也遇到过类似的事情呢？当然，我不是指有人来打劫你，而是指有行家来踩盘或撬盘（二手地产中介中有不少撬盘的案例），他们劫走的不是你的财产，而是你的相关资料，你楼盘的情况，乃至业主的资料（这点仅指二手楼盘）。

一手楼销售，特别是新开盘时，行家前来踩盘的现象比比皆是。有人说一个新楼盘开盘当天来看盘的人中，一般有50%都是同行，凭我多年的经验，这种说法并不夸张。对于一个销售人员来说，时间是非常宝贵的，要有好的业绩，就必须有好的时间管理方法。但如果置业顾问把时间都花在毫无生产力的同行身上，不但影响自己的销售业绩，同时还把楼盘的信息透露出去了，落到竞争对手那里。因此，置业顾问必须学习辨别及有效摆脱同行踩盘的方法。

二手楼销售中，同行一般不是来踩盘的，而是撬盘的，也就是说，你的竞争对手盘源不够，前来扮演买家，在看楼的过程中趁机撬走业主资料，这是二手楼售楼员通用的一种撬盘手法，这种撬盘行为一方面浪费了经纪人的大量时间，另一方面，则挖走了公司的业务资料，凭空多了一个竞争对手。撬盘的方法多种多样，最普遍的就是撬盘者扮演客人，到其他地产中介公司寻找自己缺少的业务资源。我在做业务时，有位同事遇到过一件较罕见的撬客事件。

有位“业主”打电话来放盘，楼盘及价格还算可以，我的那位同事就带顾客去看楼，接待她看楼的是两位自称为“业主”的小伙子。看完楼后，客人对那套房子有一点意思，两位小伙子也看在眼里，于是他们就对我的同事说：“你这么远过来看楼不太方便，不如带你去配一套钥匙。”我的同事听到“业主”说可以配钥匙当然高兴，当时就跟“业主”一起去找配钥匙的地方，可找来找去，就是找不到配钥匙的地方，只好相约下次看楼时，“业主”把配好的钥匙给她。在这个过程中，另一位小伙子则拉着买家，私下递给他一张名片，告诉他自己是　地产中介公司的，买楼可以直接找他。好在我的同事服务做得非常好，这位买家事后就告诉了我的同事。这件事让她大吃一惊，没想到还有如此的撬客手段。

总之，无论是在一手楼销售中遇到的踩盘行为，还是在二手楼销售中出现的撬盘事件，作为售楼员都会经常遇到。这种踩盘或撬盘行为，一方面会浪费我们的工作时间，降低售楼生产力；另一方面，则会泄露公司的经营秘密，给公司造成直接或间接损失。因此，一个专业的置业顾问必须具备有效地辨别出这种行为，然后迅速摆脱这些同行的能力。

在带客看楼过程中，有时你会感觉到某位客人像是同行，因为他的言行跟普通购楼者不太一样。但是，现在很多购房者也越来越专业，他们往往会花很长时间看楼，研究楼盘，也会请有经验的买家帮忙买楼，因此，直觉认定某位顾客像同行，这种方法并不可取。如果你只是凭感觉认定某位顾客像同行，那也许你会失去许多准买家，更坏的是，你（包括你的公司）会给顾客留下一个非常不专业的印象。因此，当你感觉某位顾客像同行后，你必须再做进一步的确认。

这时，非常有效地一个判断法则就是“赞美法则”。一般情况下，任何一个人都喜欢被别人肯定或赞美，哪怕他知道你是在奉承他，但他还是会爱听的，这是人的天性。

因此，当你感觉某位顾客像同行时，你就要对这位顾客进行赞美，这非常重要。赞美要具体，我建议用“专业”两个字进行赞美，最具有杀伤力。你可以这样说：“　　先生/小姐，我真的很佩服你，你对房地产这么专业，我做了几年地产了，还没有你这么专业，有空得请你喝茶，教我几招，怎样才能像你这样专业呢?”

一般情况下，一个真正的买家一听到这种肯定及赞美后，会非常高兴，他会表现出那种中国式的“谦虚”，他可能会说：“哪里哪里，我只是多看了几个楼盘而已”，或者说：“我只是帮朋友多看了几个楼盘而已”之类的话，这时，你一定要抓住“多看”两个字，赶紧问他看过什么楼盘，对那些楼盘感觉如何，和自己的楼盘相比感觉怎样等一系列问题，你要趁这个机会把竞争对手的情况摸一遍，了解顾客对竞争对手的评价如何，再针对顾客对竞争对手的感觉有针对性地介绍你的楼盘的优势。

如果顾客是位同行，他听到你说他专业，他会认为自己的踩盘或撬盘行为已经被识破，他会支支吾吾不出声，你再问他任何专业的东西，他肯定会装作不知道，这时，你可以肯定他是同行了。接下来要做的工作就是尽快摆脱他，你可以跟他说：“这里有份楼书，要不你拿回去看看”，或者说：“要不，你回去考虑考虑。”然后，你要迅速调整状态，重新去接待新的客人，做更有生产力的事情。

第32章 让顾客自己说“我一定要买”的痛苦成交法

病人：医生，麻烦您帮我看一下，我是不是发烧了？

医生：请问你感觉哪里不舒服吗？

病人：昨天还没感觉，今天起来就觉得头昏昏的，还有点痛，嗓子很干涩，也疼，昨晚可能空调开得太低了，是不是发烧了？

医生：那你先量一量体温吧。

病人：哦。

5 分钟之后，医生看了一下体温表。

医生：哟，39.5 度了，你这可是高烧了。

病人：啊？

医生：这样，我给你开个血常规及尿常规化验一下，看有没有什么细菌感染。

病人：医生，我只是昨晚空调开得低了些，这些检查没有必要吧？

医生：最近一段时间，禽流感流行，特征就是高烧不下，与你这个特征相似，我们只是想排除一下，但如果你坚持不做检查我们也不勉强。

病人：哦，如果得了禽流感会怎么样？

医生：如果治疗及时，用药得当，是可以康复的，但是如果耽误了病情，也可能会引发其他疾病，甚至威胁生命。不过，你的症状虽然相似，但根据你的描述，是禽流感的可能性非常小。

病人：这样啊，医生，那您快点开单子，我去检查一下吧。

在房地产销售过程中，顾客为什么会买？为什么不会买？其中决定销售成败的行为动机是什么？心理学上有一个“追求快乐、逃避痛苦”的心理法则，人类做决定大多都基于这一法则，这是人类的天性。从两种原因对比分析，心理学家得出结论：人类更容易为“有可能”的痛苦埋单。上述医生看病的案例就是一个非常好的证明，当一些有可能发生（哪怕是万分之一的可能性）的痛苦出现时，天性使人类要想方设法逃避这些痛苦。在房地产销售中，如果销售人员能让顾客感觉到不立即购买或不做某些决定可能产生的痛苦，那他的销售业绩一定会大幅提升。下面，我们看一则用“痛苦成交法”成交的案例。

经纪人：林先生，这套房子您既然喜欢，您看您是下 1 万元诚意金，还是 2 万元诚意金呢？

顾　客：小刘，你带我看楼两个月来，每次看完楼都想叫我下诚意金，不过，我现在不会决定，因为我总觉得现在买楼不一定合适。

经纪人：哦，为什么呢？

顾　客：小刘，两个月以来我一直把你当朋友看的，不知你有没有把我当朋友看？

经纪人：林大哥，我怎么会不把您当朋友看呢？您就是我的大哥。

顾　客：既然你把我当朋友看，说句实话，你觉得目前调控得这么严厉，现在买楼合适吗？

经纪人：林大哥，您这句话问到关键点了。您会这么问，就说明您对市场有过深刻的了解，是这样吧？

顾　客：嗯。

经纪人：林大哥，其实我记得 2008 年那年，我表哥也是这样问我的，“现在买楼合不合适”，直到今天他还在问我。2008 年他其实是可以一次性付款买房的，问到现在只能银行按揭了。我就不一样了，2009 年那年我买房了，买房前，我爸爸也一直这样问我，“现在这个行情，买楼合不合适”，我当时想，买来自住，少说住上 10 年，10 年后的楼价一定比现在高，现在的楼价涨跌并不是最重要的，赶快买就是了。还好，我 2009 年买房了，我当时选择的是银行按揭，要是当时没买，今天就买不起了。因此，林大哥现在买房合不合适，我没法给出一个很明确的答复，但我刚才的那一番话应该会对您有所启发吧？

顾　客：嗯。

经纪人：那林大哥，您说现在买楼合不合适呢？

顾　客：这么说应该是合适的。

经纪人：既然您都觉得合适了，那这套房子您又喜欢，您看您是下 1 万元诚意金，还是 2 万元诚意金呢？

顾　客：先交 1 万吧。

利用痛苦成交法必须注意以下几个成交要点：

一、塑造的痛苦是“有可能”的

顾客不买、不做决定、不立即下定等产生的痛苦一定要描述成“有可能”，不能用“一定”，你说“一定”，顾客就会举例证明你的描述有问题，而不是被说服去成交。

二、要善于提问

三、要善于讲故事、举例子证明痛苦产生的“可能性”

第33章 售楼谈价中，如何利用数字促进成交

大家熟悉的成语“朝三暮四”源于《庄子·齐物论》，讲的是宋国有一个养猴子的人，非常喜爱猴子。有一年碰上粮食歉收，养猴子的人对猴子说：“现在粮食不够了，必须节约点吃，每天早晨吃三颗橡子，晚上吃四颗，怎么样?”这群猴子听了非常生气，吵吵嚷嚷，意思是说：“太少了！怎么早晨吃的还没晚上多?”养猴子的人连忙说：“那就每天早晨吃四颗，晚上吃三颗，怎么样?”猴子听了都高兴起来，觉得早晨吃的比晚上多了，自己已经胜利了。

其实橡子的总数没有变，只是分配方式有所变化，猴子们就转怒为喜。这个故事告诉我们，其实数字里面蕴含着许多玄机，哪怕是总数不变的情况下，仍有可能改变人们对事物的看法，甚至使人们产生截然不同的看法。

就以一手楼开盘来讲，开发商一般会推出一些素质相对差一点（通常是楼盘、朝向、位置、景观略逊一点）的房屋，价格自然相对较低，再推出一些素质好一点的房屋，价格自然高一点。其实，要是从房地产评估的角度来看，最初推出的房子根本就没有升价，只是后面推出的房子素质好些，贵一些而已。但在人们心理的感受则会不一样，消费者会认为这个楼盘在升值。相反，如果先推素质好的楼盘，再推素质差的楼盘，人们就会感觉楼盘在贬值。怪不得在市场不好的环境下，开发商们也会尽量不降

价，取而代之的是通过送物业管理费、送装修、送家电等大量优惠措施来吸引顾客。采用暗降的方式，一方面吸引顾客，另一方面给人们一种楼盘价格走势坚挺的感觉。

此外，就顾客买楼时的砍价行为来讲，数字变化仍存在很多玄机，有些人砍价并不是单纯为了砍价。就好像在菜市场买一斤青菜，也有人会为一毛钱争得唾沫横飞，难道真的是这么在乎这一毛钱吗？恐怕不是吧。也有人为了买每斤可以便宜五分钱的一袋米，特意坐车去大超市购买，一袋米30斤，可便宜1.5元，但来回坐车得花费4元，如果完全从费用支出上来分析，这恐怕也是行不通的吧。这些现象存在的关键是，人们很在乎自己的感觉，能从砍价的过程中获得一种满足感，一种证明自己砍价能力的感觉。如果一件东西、一套二手房，对方开价多少，就按多少成交的话，我想买方一定会非常害怕别人笑话他太窝囊，他自己恐怕就过不了自己这一关。

了解人的这一特性后，作为一个专业的置业顾问就要利用好这一点，在开价、谈价过程中立于不败之地，从而主导整个谈判进程。

在一手楼销售方面，一般每套房子的价格折让是以折扣形式来实现的，买家要求的是更多的折扣。因此，在制定折扣形式时，要分层级，一般销售人员有一个最高折扣权，主管、经理、老总、老板等手上均握有自己的折扣权，置业顾问在与客人谈价时绝对不能一下子放出所有的折扣权，可根据买家要求的强烈程度，不断地放出折扣，让买家感觉你在为他非常辛苦地争取折扣，从而增进他对你的信赖。此外，在给出折扣时，第一次放出折扣可相对大些，然后给出的折扣幅度要比较小，这样也可以让顾客感觉到折扣已经到了底线。

二手房屋的销售，其定价是由业主决定的，出价则是由买家决定的，在这个过程中，可议价的空间较大，可运用的方法更多，更具有艺术性。就二手楼的开价来讲，绝大多数二手楼都是以整数开价的，如20万元、40万元、45万元等；也有少部分会以5000元来结尾，如31.5万元、42.5万元等；极少数人会以小数结尾，如28.35万元、37.21万元等。其实，在谈价的过程中用小数结尾开价，更容易主导谈价。

例如，一套房子开价是37.8万元，买家可以还价36万元，一般还价都是以整数来还。如果谈价过程进行得比较艰难，可能买家会上升到37万元，把零头去掉，再不行，可能是37.5万元，把小零头去掉。这是人们普遍的一种“去零心理”的体现。有时，你的开价是43万元，买家心里的第一反应一般会是40万元，把3万元零头去掉。但3万元的议价空间比较大，如果偏离业主底价，谈判的过程会比较艰难。如果你以43.4万元开价，买家仍有可能还价40万元，但经过一番坚持后，他就有可能接受去掉小零头的现实，而这时，“万元”则变成了整数，如果可以去掉一两个整数，那买家当然就更开心了。

买家还价也是这样，还是以43万元开价为例，买家还价40万元，但你可能与业主沟通争取到41万元，但买家会不满意，继续以40万元为谈价目标进行还价，拖长整个成交的时间，增加成交风险。如果你对买家还价后的第二次报价为41.3万元，一般买家会以41万元为谈价目标，要求把3000元零头去掉，而事实上业主已经同意了41万。这样，你就可以掌控整个谈价的节奏，同时，又让买家感觉到你在不断地为他争取最大利益，增进他对你的信赖感。

如果以非整数开价，那41.1万元和41.9万元是否一样呢？理论上都一样，都是41万多，如果这样的话，是否开41.9万元会好些呢？因为，买家还价还有一个41.5万元的可能性，这样可以增加自己的议价空间。这里又存在一个人们对数字的感觉问题，41.1万元在人们心目中接近41万元，买家会视同你开价就是41万元，而41.9万元在人们心目中接近42万元，买家会视同你开价是42万元左右，用41.9万元开价会让人感觉比41.1万元高了1万元。尾数为1—4时，给人们零头的感觉，而尾数是6—9时，则给人们接近大数的感觉。

第34章 如何利用二度谈价法，将底价进一步打压

业主：不好意思，昨天我先生回来，我跟他说了一下卖房子的事，他说那个价格太低了，你知道，房地产证上是他的名字，我说了不算数，实在不好意思。

顾客：不好意思，我家里人说那个价钱太贵了，不值得，我也没办法，首期款还得靠家里人资助，他们的意思很重要啊。

顾客：不好意思，我先生的朋友正好有套房子要卖，位置也在这套房子附近，可价钱便宜好几万，我得再比较一下。

顾客：不好意思，昨晚我回去同太太商量了一下，我太太说那个价格高了一点，我得考虑考虑。

这些话是不是很熟悉呢？你是不是也遇到过，买家/业主已经答应以某个价格成交，但由于双方没有签订过任何书面承诺，而导致事后其中一方或两方反悔了呢？之前的谈价全部作废，你唯一可做的是接着进入第二次谈价。

一般来说，二度谈价较多地出现在业主/买家想改变之前已经答应的价格基础上，从道德上来说，这种行为有违道德要求，不论是白纸黑字的协议，还是口头承诺，都应该尽力兑现。但商业社会，人人都要追求自身利益最大化，反价后进行二度谈价，往往可以为自己争取更大的利益或以更少的支出获得房子。因此，在事前没有通过文字约定的前提下，反价的

可能性一般较高。买家或业主会想方设法地找到借口进行进一步还价，通常一方答应你按某个价格成交，但他可以说配偶不同意，或家里人不同意，甚至可以找个所谓的“风水”大师前来再看一次楼，以“风水”的理由拒绝你。抑或朋友刚好有套房子要卖，并且价格更便宜。有时，业主也会说有个朋友刚好要买楼，要优先朋友等。总之，事前如果没有文字约定，业主/买家要反价，找个借口是非常容易的事。因此，有效地防止业主/买家反价，就是进行文字上的约定。

地产中介的任务是促成交易，一般来说，业主卖高一点，或买家用更低一点的价格买到房子，对中介服务费的增加与减少的影响不是特别明显。因此，在谈价过程中，置业顾问的任务是“尽快”成交，特别是在市场竞争越来越激烈的今天，成交速度更是置业顾问追求的第一准则。因此，在谈价过程中，只要能主控议价进程，就要速战速决，不要自己去制造二度谈价的机会。

在谈价过程中，很多时候由于买方不肯加价，或者业主的坚持，不肯让步，使谈判陷入僵局，这种情况下要想促成交易，需要时间。这时，你可以通过一些技巧打破僵局，继续议价。但有时突然会有第三者加入战局，有其他人与业主谈价，或买方看上其他房子，这个时候，你必须制造出一个二度谈价的局势，延长谈价时间，寻找最佳的议价时机。例如，当业主跟你说，价格没得谈了，不然就同某某中介公司签合同时，你可以通过其他同事打电话给业主，说有个客人可以出更高价格成交，由于买家出差要等两天回来，问他等不等？往往，其他中介的客人可能等不起而放弃。这时，第三方退出，又变成两方谈价，业主的心理就会由强势变为弱势，而且往往会担心再次失去买家，从而想快点结束谈价。同样，在买家准备与其他中介公司下定时，这一招也有可能让买家留下来，继续把这次议价谈判进行下去。

启用二度谈价一般会拉长议价时间，控制不好，容易错失机会。一般不是不得已的情况下，不要进入该程序。同时，在议价过程中，还要特别留意控制议价进程，一旦业主/买家在口头上承诺，要立即以书面文件落实，防止买卖双方重启二度谈价局势。

第35章 如何排除售楼竞争，让顾客别无选择

这个世界上是否只有你推销的一个楼盘在出售？是否只有你一人做地产中介呢？当然不是，你的楼盘及服务总是会受到来自各方的冲击，一不小心，你的顾客就会对你说："我们还需要考虑考虑。"只有你推荐的楼盘比竞争对手更出色，你的服务比竞争对手更优质，才能留住你的顾客。因此，在你推销楼盘的过程中，除了给顾客塑造出你推荐楼盘的价值外，还必须分析竞争对手，排除竞争。

绝大多数置业者都会看很多个楼盘后再做决定（即一定要货比三家），买二手房的置业者也会选择不同的中介公司进行比较，因此，竞争是不可避免的。在售楼过程中，我们不需要惧怕来自其他楼盘、其他公司的竞争，但我们需要做好应对竞争的准备，从而让顾客感受到我们推荐的楼盘更有价值，更有吸引力，我们的服务更优质，更符合他们的需要。

为了有效地排除售楼竞争，专业的置业顾问必须做到以下几点。

一、 主动了解竞争情况

既然售楼竞争是不可避免的，那我们在售楼过程中就没有必要去回避。因此，在你带顾客看完楼并介绍完楼盘后，要尽快提出问题，了解竞争情况。例如，您是否看过其他楼盘、您是否在其他中介公司看过楼、您正在考虑其他楼盘/其他中介公司推荐的房屋吗、现在我可以帮您比较一

下等，并根据顾客的回答进一步提问，以便准确了解你此次交易的竞争情况。

或许不少置业顾问不敢提这样的问题，因为他们害怕这样一说，就等于告诉顾客还有其他选择，以致顾客会选择其他楼盘。试想，如果你不说，难道他们会不知道还有其他楼盘可以选择吗？你不说，他们就不会自己去选择吗？对这些置业顾问而言，顾客们最好是大傻瓜，根本不知道还有其他楼盘可以选择，这可能吗？有时，一味地回避这种根本不可避免的竞争，反而会让顾客感觉你对你推荐的楼盘不够自信，更为关键的是，不谈论其他楼盘会给顾客造成疑惑，让顾客费神地琢磨，也不知道这个楼盘与其他楼盘相比，孰优孰劣，于是选择先去其他楼盘看看再说，在这种情况下，反而会形成较大的售楼阻力。

相反，事先主动提出竞争情况，问顾客是否在考虑其他楼盘，就等于告诉顾客你知道市场上还有其他楼盘，并表明，既然你敢与这些楼盘比较，那你对自己的楼盘是完全自信的、对顾客是坦诚的，这是非常有效地排除竞争的方法。

因此，面对售楼竞争，专业的售楼态度不是回避，而是主动提出并了解竞争情况。

二、 针对顾客需求， 塑造楼盘价值

在房地产市场中，我们推销任何楼盘都有可能受到对手的强劲冲击，与竞争对手比较起来，有时，我们推荐的楼盘并不完美，市场上肯定会有一些楼盘比你推荐的楼盘档次更高、素质更好或价格更低等。如果顾客拿这些楼盘来与你比较时，专业的置业顾问会扬长避短，尽可能针对顾客的需求点塑造推荐楼盘的价值，凸显楼盘的优势，利用楼盘优势去满足顾客的需求。

如果顾客在你排除售楼竞争前正在考虑其他楼盘，你不必惊慌，你可以这样对顾客说："您能如此慎重地对待这件事情我很高兴，接下来，我用很短的时间将各楼盘的特点进行比较。这样一来，您就可以看出为什么我们的楼盘更好些，更符合您的实际需要了，同时，也就理解价格高的原因了。"

当你的楼盘比竞争楼盘稍贵一些时，你不妨先把它说出来，因为如果到最后才说的话，你就等于给了顾客说“我们先去其他楼盘看看”的机会。一开始就提出来，可以让顾客在之后听你介绍楼盘特点的过程中，一步步接受稍贵的价格，而如果到最后才说出来，顾客就可能一点也记不起来了，他们的脑海中只有一个概念，那就是你推荐的楼盘真的贵一些。

此外，在排除售楼竞争的过程中，还可以利用适当的提问，突出楼盘的附加价值。例如，对于一个购买后可以获得名校入学名额的楼盘，你可以这样向顾客提问：“您认为让自己的子女有一个更好的学习环境，与一群优秀的小孩在一起共同成长，这值多少钱呢?”这样，通过提问就能有效地排除其他楼盘在价格上的竞争优势。

三、 不要批评竞争对手

记住，千万不要说竞争对手的坏话，尤其不能恶意攻击。因为，说不定顾客在与你会面之前，早已对竞争楼盘进行了多次比较，对竞争楼盘有了相当程度的认识。你对竞争对手的每一句评语，都可能在顾客心中留下深刻的印象。如果你批评竞争对手，顾客有可能会嘲笑你，认为你是一个虚伪、不诚实的人。试想，又有谁愿意与一个虚伪、不诚实的售楼人员打交道呢?

此外，在售楼过程中，你必须对竞争楼盘有相当程度的了解，只有这样，在排除售楼竞争时，在与竞争楼盘做竞争比较时，才能让顾客感觉你对竞争楼盘的深刻了解，也才能有效地针对竞争楼盘突出自己楼盘的优势及能给顾客带来的利益和好处。

第36章
让顾客言听计从的从众成交法

心理学家阿希做了一个经典的心理学实验，他请大学生们自愿做他的被试验者，并告诉他们这个实验的目的是研究人的视觉情况。当某个来参加实验的大学生走进实验室的时候，他发现已经有5个人坐在那里了，他只能坐在第6个位置上。事实上他并不知道，其他5个人是与阿希串通好了的假被试验者（即所谓的“托儿”）。

阿希要大家做一个非常容易的判断——比较线段的长度。他拿出一张画有一条竖线的卡片，然后让大家比较这条线和另一张卡片上的3条线哪一条线等长。这种判断一共进行了18次。事实上这些线条的长短差异很明显，正常人是很容易做出正确判断的。实验开始前几次判断，大家都一致做出了正确的选择，从第7次开始，假被试验者（托儿）故意做出错误的选择，阿希开始观察真正的被试验者的选择是独立还是从众。面对这一实验情境，真正的被试验者在做出反应前需要考虑以下三个问题：是自己的眼睛有问题，还是别人的眼睛有问题？是相信多数人的判断，还是相信自己的判断？在确信多数人的判断是错误时，能否坚持自己的独立性？阿希于1951年首次进行了此项实验，并于1956年、1958年又多次重复这项实验，结果发现，不同的人有不同程度的从众倾向，但从总体结果看，平均有33%的人的判断是从众的，有76%的人至少做了一次从众的判断，而在正常情况下，人们进行错误判断的可能性还不到1%。当然，还有24%的人一直没有从众，他们按照自己的正确判断来回答。一般认为，女性的从众倾向要高于男性，但从实验结果来看，并没有显著的区别。

这个实验就是著名的从众心理实验。所谓从众，是指个体受到群体的影响而怀疑、改变自己的观点、判断和行为等，以和他人保持一致。阿希实验就是研究人们会在多大程度上受到他人的影响，而违心地做出明显错误的选择。其实，从众现象是一种较普遍的心理现象，很多人可能都会经历过这样的场面，当一场辩论赛或音乐会结束时，前排的观众起立鼓掌，其他人也会起立鼓掌，紧接着所有人都起立鼓掌，给予礼节性的喝彩。在这种情况下，一个人要仍然独自坐着，成为与众不同者，真的太难了，因为他会受到非常大的压力。

在现实生活中，类似的从众现象比比皆是。有个美国作者曾描述了这样一个从众案例，有一个人快步走在大街上，他突然想起了与情人的约会，已经快到时间了，于是立即跑了起来。不管他想些什么吧，反正他在大街上跑了起来，向东跑去。另一个人也跑了起来，这可能是个兴致勃勃的报童。第三个人，一个有急事的胖胖的绅士，也小跑起来……十分钟之内，这条大街上所有的人都跑了起来。嘈杂的声音逐渐清晰了，可以听清“大堤”这个词。“决堤了！”这恐怖的声音可能是电车上一位老妇人喊的，或许是一个交警喊的，也可能是一个男孩子喊的。没有人知道是谁喊的，也没有人知道真正发生了什么事，但是两千多人都突然奔跑起来。“向东！”人群喊叫了起来。“东边远离大河，东边安全，向东去，向东去。”看来，从众心理对人的影响确实很大。

在房地产销售中，销售人员如果能利用好从众心理，可以让置业者疯狂起来。有效利用从众心理推进房地产销售可以从以下几个方面入手。

一、销售人员团队配合，让对方从众

在二手楼谈价中，两点之间的距离是最长的，一般是不让买卖双方一起谈价的。但在经纪人百般努力之下，仍然无法撮合双方时，经纪人一般会把买卖双方约到一起进行最后的谈判。在这种谈判中，地产中介公司最好派出三个以上经纪人，但真正在买卖双方之间周旋的只要有一个老练的经纪人就可以了，另外两位经纪人可以帮忙上茶等。这两位经纪人另外一

项非常重要的任务就是当主谈的经纪人提出相关建议时，要面带微笑，不断地朝对方点头，配合主讲经纪人的建议。主讲经纪人朝对方讲话时不断点头，同时这两位经纪人也要不断朝他微笑点头。不出两分钟，这位业主（或顾客）也会从众点头。这样的一点头，就让顾客在潜意识里表现出同意的态度，主讲经纪人说服他的可能性就大多了。

二、 多人带看，制造成交氛围

最好的成交氛围就是“僧多粥少”，每次带顾客看楼时，可多约一些顾客一起去看楼，甚至约自己非常熟的一些顾客，这些熟客比较容易配合我们，他们在看楼时不断地说这套房子的优点，很快就会影响一批顾客，打消他们的犹豫不决，立即做出购买决策。

三、 约客户集中签约

很多一手楼盘销售时，都会进行较长时间的“储客”，在开盘当天，让之前已经下定金决定购买的顾客集中前来签约，造成旺销的场面，从而带动一大批顾客立即做决定。也有些地产中介公司，他们设立签约中心，让各门店成交的客户一起到该中心签约，让顾客感觉到这家公司业务的火爆，从而减少顾客在签约过程中的各种抗拒。

第37章
匪夷所思的第三人需求成交法

讲师：我这里有三只活蹦乱跳的蟑螂，如果你能当场吃下去，每只10元，你吃还是不吃？

学员：不吃。

讲师：如果每只100元，一共300元，你吃不吃？

学员：不吃。

讲师：如果每只1000元呢？

学员：不吃。

讲师：如果每只1万元呢？一共3万元？

学员：如果每只100万元，我就吃。（有学员抢着回答，全场大笑）

讲师：其实，我抓这3只蟑螂非常不容易，我觉得给你每只10元已经太贵了，我今天不想花一分钱，还得让你心甘情愿把这3只蟑螂全部吃下去。

学员：不可能。（一副疑惑的样子）

讲师：今天我要把你最爱的母亲绑到这里，捆绑在椅子上，我在椅子上方吊1块一吨重的石头，如果你吃下这3只蟑螂，椅子移开，你母亲什么事都没有；如果你不吃，我就割断绳子，石头就会从你母亲头上掉下来。在这种情况下，你吃还是不吃呢？

学员：当然要吃。

这段对话发生在一堂培训课程的互动游戏中。从对话中我们可以看到，一般人们非常容易为自己的亲人或所爱的人付出，甚至包括生命。我们在日常生活中看到不少人对自己要求非常苛刻，但如果是为了孩子或父母却特别大方。有的父母自己平时省吃俭用，却把孩子送到贵族学校，这样的现象比比皆是。怪不得上述对话中，一旦提及吃蟑螂是为了救母亲，他立即同意，如果椅子上绑的那个人是他自己，可能他会宁死不屈。这种现象在心理学上被定义为“第三人情感需求”，人类出于情感需要，很容易为自己的亲人及所爱的人付出。这就不难解释为什么很多热恋中的男女愿意为对方不顾一切了。

我们在介绍房子的好处时，如果能把这些好处介绍成对顾客的亲人的好处，说服效果会好很多。例如，我们经常被问到这样一个问题，顾客在城市东边工作，他太太在城市西边工作，如果要给他们介绍房子的话，是在城市哪一边呢？很多人会异口同声地说：“介绍城市中间的房子给顾客。”事实上往往不是这样，如果你直接同男顾客说：“先生，你就买套在你太太单位旁边的房子吧，你太太不容易，要接孩子放学，还要做晚饭及家务，不过这样一来上下班就辛苦你了，可你一回家，饭菜、家务你太太都做好了，这不是也很好吗？”可能更容易让顾客接受。在现实中，也一定是这样的。工薪阶层的夫妻买楼，一定是要买离其中一个人较近的地方，送孩子上下学等众多现实问题其实也逼着大家这么做。

在房地产销售中，如何更有效地利用“第三人需求”为售楼服务，掌握下面两点非常重要。

一、把买楼的好处或不买的痛苦说成是决策人身边亲人的

就像上述案例，从为太太着想的角度推荐楼盘的优势，这样容易让顾客做决策。我们经常听到的一个成语——孟母三迁，说的就是孟子的母亲三次迁徙都是为了孟子读书。人们会为自己的亲人及爱人埋单。

二、看楼时，照顾好顾客身边的人

哪怕顾客就是决策人，但他做决策时，也会请家人或朋友前来参谋，以便将问题考虑得更加周全。这时，我们一定要照顾好这些“参谋”，他

们的意见很容易让你损失成交。有句话说得非常好："投其所好，不如投其周边人所好。"每次销售都要及时与顾客身边的人搞好关系，以减少销售阻力。

第38章 让对手陷于瘫痪的排他竞争术

现代战争，开战就是决战，所以在开战前双方就已经展开各种隐性攻击了，目的是让对手的一切进攻性武器及各种防御设施彻底被摧毁，丧失进攻和防御能力。美国攻打伊拉克时就是这样，美军利用强大的海陆空远程火力对巴格达进行轰炸，让伊拉克的军事设施、进攻及防御武器彻底被摧毁，电力、交通、通信中断，整个城市处于瘫痪状态。伊拉克共和国卫队无法有效地组织进攻和防御，从而被迅速击败。

市场营销的最高境界就是排除竞争对手，让顾客离不开你，不得不与你做生意。我有一位朋友，如果你听到他讲他的顾客控制术，那无不让人拍手叫绝。他的叔叔开了一个较大型的工厂，采购成本一直居高不下，他被他的叔叔请来负责整个工厂的采购。新官上任三把火，他第一把火就是组织所有采购部的同事开会，宣布从现在开始，所有供应商请吃饭不允许去，送礼不允许拿（吃人家的嘴软，拿人家的手短），并且自己亲自带头做到。后来，在一次聚会中这位仁兄认识了一位心理学教授，闲聊中他提及此事。心理学教授就向他建议，你要求你的手下这么做是对的，但因为你自己与你叔叔的关系，不可能做不利于你叔叔的事，如果有供应商请你吃饭，你应该猛吃；送礼给你，你要猛拿。该仁兄大惑不解，心理学教授解释说，你吃完饭、拿完礼品后，只要照样猛砍价就对了。假如有一个供应商向你推荐一批1000万元的材料，他事前请你吃饭，送礼花费了5万元，他这批材料按正常买卖要赚取50万元利润，这时你要拼命压价，哪怕压到只有10万元利润他也会跟你做生意。一般来讲，如果一批1000万元的材料，原本可以赚50万元利润，突然被压到只能赚10万元利润了，是不会有人做这个生意的。但是对方事前请你吃喝及送礼花费了5万元，对方要把请你吃饭及送礼给你花费的那5万元赚回来，就必须跟你做生意。因此，你只需要猛吃、猛喝、猛拿、猛砍价就行了。后来，这位仁兄按这位心理学家的建议去做，果然把他叔叔工厂的采购成本降低了30%，有效地控制了成本。

在房地产销售中，随处都会产生各个公司及各个楼盘之间的竞争、顾客争夺战和业主争夺战。如何有效地把控顾客、业主将成为在众多地产中介竞争中脱颖而出的关键因素，顾客及业主的把控也是最直接的排他竞争技巧。例如，在业主把控上，经纪人通常会签独家代理来排他竞争。但经纪人很难说服业主签订独家委托，即使签订了独家委托，对业主的约束力也相对有限，业主可以随时取消委托。现在有不少地产中介公司与业主签订《限时销售》协议，给业主一定的保证金，保证在一定时间内按一定价格帮业主把房子卖出去。这种限时销售的方式对排除竞争、有效把控业主起到了非常强的约束作用，值得各地产中介公司尝试并推广。

除了“独家代理”“限时销售”这两个非常有效的排他竞争术之外，下面我们看一些其他排除竞争的案例。

案例1：在个人盘源区以业主身份宣传盘源，让顾客在比较中选择自己

大家或许都知道，在许多房地产网站，都会有一个个人盘源区，在这里，业主直接把自己的房子放到网上，不希望通过中介，而是自己来销售。个人盘源区一般是点击量最大的一个区域，点击这些盘源的有买家（买家也希望节省中介费），也有经纪人（说服业主委托他们销售）。我有一个做经纪人的朋友将自己收到的“钥匙盘”以业主身份放到该区域，留一个自己不常用的电话号码，每次有顾客打电话来，他就说我很忙，最近在外省出差，如果你要看房子就到某某中介的某某人那里去拿钥匙，我将钥匙放在他那里由他保管了，你直接去那找他就行了，看完后，如果喜欢再跟我谈，当然某某中介的某某人就是他自己。每次有顾客来找他拿钥匙时，他都会热情地接待，并带他们去看房子。在这个过程中，他会推销其他房子给顾客。如果顾客不喜欢他推销的房子也不要紧，他已经得到了顾客的电话，可以随时联系，继续跟进。另外，如果顾客喜欢上了广告上的这套个人盘源区的房子，顾客就会打电话给“业主”，“业主”就会涨价，并坚持不愿意降价。这时，中介就会跟顾客说我们来帮你谈价，谈到一个较低的价格。顾客通常也是精明人，如果在中介公司买到房子的买入价加上给中介公司的佣金，还低于“业主”开出的价，很多顾客也就接受了。

案例2：以“真业主”身份屏蔽真正的业主

有一次，我在东莞讲课，有位学员问了一个问题。他说他在网站上的个人盘源区看到一套别墅500万元，跟进中业主怎么也不愿意降价。过了大约四天，还是在这个网站的个人盘源区看到这套别墅重新登记宣传，标价是450万元。于是，他打电话给业主，业主称四天前放盘源上网的那个是他的侄子，本来是想委托他侄子来处理他的这套别墅，后来听说他侄子想吃他的差价，所以取消了对他侄子的委托，自己来销售。如果有客人想看房，你们直接带过去看就行（由于这套别墅是新房子，没有住过，是毛坯房，只要在物业管理处登记就可以看到），看好了再跟我谈价钱。我这位学员刚好有一位顾客看上了这套房子，450万元的价格顾客也接受了。于是，这位学员约业主出来签约，可业主称自己在国外，一个月后才回来，叫这位学员等他，他也不委托任何其他亲朋好友帮他收定。这时，这个学员问我现在该怎么办？我当时就敏锐地意识到，这位“业主”可能是中介，他只不过是来拖延时间，自己却暗中不断地带顾客看楼，与真正的业主谈价成交，把其他中介公司排除在外。于是，我建议这位学员回去后，立即打电话给“业主”，称自己有个客人愿意出到550万元，但对方只给自己三天时间，三天过后就不再考虑了，看对方出不出来收定。如果此时对方还不出来收定或不委托任何人来对接，那一定是中介。此外，就是再打电话联系第一次出现的那位一直坚持要500万元的业主。后来，该学员打电话告诉我，那位“业主”真的是中介公司的人。

第39章 成交签约时，如何有效防范行家干扰

有一次，我的一位顾客喜欢上了我推荐的一套房子，经过几轮谈价，最后达成了交易条件。于是，我约了顾客及业主前来门店签订三方约。一进门店，双方都非常高兴，彼此对对方的印象也不错，我觉得这件事情绝对是十拿九稳了。我拉开椅子，让大家坐下来，然后赶忙去倒茶水。就在这时，业主的手机响了，业主边听手机，边说“真的吗”，脸色变得有点得意，又有点为难的样子。挂了电话，业主就说他家里出了急事，要先走，签约的事情要推后，然后给大家道歉就匆匆忙忙走了。当我晚上再打电话给业主时，业主就不接我电话了。后来，我安排在其他地产中介工作的朋友给他打电话说有客人想看他的房子，他回答说有别的地产中介公司的客人已经看上他的房子了，暂时不希望别人带顾客来看楼了。

这些场景是否你也熟悉呢？地产中介是中国竞争最为激烈的行业之一，在其他行业，只要能搞定顾客，产品供应总是会有的；而地产中介则不行，有时好不容易把价格谈拢，刚搞定顾客，业主却被别的中介公司抢走了，一切努力及成果立即化为乌有，一切得从头来过。所以，这种“一手拖两家”的现象就要求经纪人有更深厚的销售功底及更高超的成交技艺。众多地产中介公司有时为了抢一个业主，或抢一个客户，八仙过海，各显神通，有时甚至大打出手。因此，在成交这个关键时刻，如何有效防范行家干扰显得尤为重要，以下提供几条建议。

一、 中介门店密集的地方， 不约客户到门店签约

“地产街”指的是地产中介公司云集的地方。由于地产中介有集群效应，在一些地段较好的地方，或能覆盖几个大中型小区的地方，只要有一间地产中介门店开张，其后各地产中介就接二连三杀到这里，一起争夺这里的房地产市场。

地产街的竞争异常激烈，类似上述案例的事情时有发生。有时，别的中介并不一定真有客户，但他们也不愿意看到自己的盘源（你成交的业主，通常也会委托别的地产中介公司，有时，甚至整条街的地产中介都接到业主的委托）被你成交。于是，打电话给业主，称自己有客人可以出高价，让业主不要在你那里成交，他们争取跟业主谈到更高价，赚到更高利润。鉴于这种情况，如果门店开在地产街，则一般约顾客到外面的茶楼或麦当劳、肯德基等场所签约相对安全。

图 39－1　地产街

图 39－2　地产街

注：图片来自于网络

二、 购置手机信号屏蔽器

很多学校为了不让考生作弊，往往会购置一些手机信号屏蔽器，效果非常好。在信号覆盖范围内，手机没有信号。一些企业或机关在培训和开会时，为了保证效果，也会使用手机信号屏蔽器，让学员或员工在培训或开会期间无法与外界联系，以达到“不分神”的效果。

在一些竞争非常激烈的地产中介门店，也经常有人购置“手机信号屏

蔽器”，手机信号屏蔽器已成为一种合法的常用保密设施。如果你所在的门店经常在成交时受到行家的干扰，你可以购置“手机信号屏蔽器”，当业主及买家来到门店时，你就打开手机信号屏蔽器，让行家无法打电话过来骚扰业主。

三、 到业主家里签约， 不挂上电话

经纪人一般是不会主动到业主家里签约的，但也有时候，出于没有其他办法，只有到业主家里谈判，当条件明朗成熟时，立即约买家过来到业主家里签约。如果小区门口有不少中介公司，他们看到经纪人带客人上楼，也可以打电话到业主家里干扰成交。这时，经纪人一来到业主家，会称自己手机没电，借业主电话打个电话，打完电话后，就把电话搁在上面，不挂上电话，让外面的电话打不进来，无法干扰到业主。

第40章 有效应对跳单的方法，你曾用过几种

2008年是地产中介最为冷清的一年，但这一年却发生了一件最不冷清的事情——近几年声名鹊起的某大学教授在厦门买别墅时，被怀疑跳过地产中介私下与房东交易，这件事被称为“跳单门”事件。其实，客户跳单事件在房地产中介时有发生，可以说没有任何一家中介公司没有遇到过，这也一直是房地产中介公司非常头痛的问题。就像经营超市必须把偷窃成本计入超市经营成本，并控制在一定比例内一样，跳单也常被视为中介的经营成本。只不过，这一次跳单涉及名人，而名人一向是群众关注的焦点，尤其是他们的诚信及生活作风问题。因此，这次“跳单”事件被推到了一个全国关注的高度。

所谓“跳单”，又被称为“逃佣”“跳佣”，指的是二手房的交易双方通过并委托（书面委托、口头委托）地产中介公司的经纪人代为寻找适合自己的房屋或是买家，但在通过中介方介绍之后却越过中介公司私下成交而逃避向房地产中介缴纳佣金的行为。“跳单”一方面是考问国人的诚信，另一方面，也考问经纪人到底提供了多少服务，是否得到了顾客认同。

从上述“跳单门”来看，某教授（严格来说应该是其夫人，某教授只是因为名气大，被当作主角了，但签署合同的是其夫人）的跳单行为是毋庸置疑的，因为买卖双方是通过中介的介绍才认识的，并且其夫人也在相关文件上签字了（无论是《看房确认书》还是《房地产求购委托书》），

这都是其承认通过中介提供服务的证明，而且从事后媒体报道的某教授和房东的解释中都没有否认这一点，所以，他们再多的解释也无济于事，只是在为自己的跳单找借口罢了。唯一让人们感到意外的是，为什么双方都没有选择法律途径来解决问题。几年过去了，这件事情还没有一个最终的结果，事情就这么不了了之了。但众人对这个事件的态度，还是让业内人士看到了大家对地产中介的认同。

作为一名房地产经纪人，必须用最好的服务打动顾客，同时也必须防范顾客的恶意“跳单”。房地产中介行业本身并非暴利行业，甚至可以说是微利，无论是店租成本还是人员广告开支，有时候可能要数笔成交才能赚出来。一旦“跳单”行为发生，很少有不掉眼泪的经纪人，因为为了成交，他们所付出的辛苦是消费者所想象不到的，他们曾经那么信任自己所服务的客户，到头来还是被消费者为了一己私利而一“跳”了之。因此，大家可以从以下环节做起，防范“跳单”行为的发生。

1. 无论是电话放盘，还是上门放盘，看楼前想方设法让业主签订《委托出租/售意向书》。

2. 顾客上楼看房前，让顾客签订《带看确认书》。

3. 如果业主自住，看房前告诉买家，业主是自己或店长、老板、其他员工的熟人。

4. 看楼过程中始终站在顾客与业主中间，不让他们握手递纸条。

5. 看楼过程中，当顾客提到涉及业主办公、经常活动场所等敏感性话题时，要立即打断或巧妙回避。例如，顾客会说：“这位先生，好像在哪见过，您是做哪个行业的，在哪上班?”只要业主回答这个问题，顾客就可以去他的办公场所找到他。

6. 看楼过程中，如果顾客或业主向对方递名片的话，可以顺势接过名片，帮当事人保管，而不要不允许双方互换名片认识，这样会让对方反感。

7. 一般两个人带看楼，一个人先到业主家，检查一下业主在屋内有没有放纸条。当然主要的目的是帮助收拾房间，让房子有一个好的“卖相”。

8. 看完楼后，送走顾客，最好在楼下呆上 10～15 分钟，防范顾客回头找业主。

9. 做好带看过程中的服务，让业主及顾客感觉到你的热情及艰辛付出，不好意思跳单。

10. 与业主及顾客拉关系，让双方不好意思跳单。

11. 通过聊天讲故事等形式，让顾客了解跳单的风险。

12. 多与业主及顾客沟通，多聊一些经纪人工作艰辛的话题，让双方正确认识这个行业，多一些对地产中介的认同感。

第41章 拍桌子成交法，你敢用吗

有一次，有一个包工头委托我公司卖14套房子（这14套房子是开发商抵这位包工头工程款的抵债房），包工头委托他的一位助手（这位助手有所有合法文件，包括公证处已经公证了的委托书）来我公司办理相关手续。我的一位林姓下属接待了一位张姓顾客，这位张姓顾客前前后后看了这批房子两个月，从14套看到只剩下最后一套，他着急了，不得不同意当前的价格，赶紧下了诚意金。签合同那天，张姓顾客带了他妻子及刚从外地赶来的父母，一行四人来到我们公司签约。虽然价格之前已经谈妥，业主房产证没有问题，委托书等也无问题，但是签约从早上10点一直到中午1点仍没有结果，主要是因为顾客的爸爸要求业主先把房产证过户到他儿子名下，然后再开始付款。这显然违背了我们交易的常规，没有哪一位业主愿意把自己的产权完全过户到别人名下再开始收钱。面对这个问题，无论经纪人小林如何解释，顾客的爸爸就是不肯让步，并说自己的朋友上个月买房就是这样操作的。

我正准备出去吃午餐时，被满头大汗的小林叫住，了解情况后我知道，买房的决策人是张先生，张爸爸只是参谋（一般参谋的声音是比较大的），于是我低声耳语同小林说了一下简单的策略。与此同时，我立即同张爸爸解释一般的交易规则，以及房管局的要求。当我的话才讲到一半时，张爸爸就急了，说怎么我讲的话与小林讲的一模一样，情急之下，他用手不停地拍着桌子并强调他朋友上个月买楼是怎样操作的。准备说下去的时候，小林上前一步，拼命拍了一下桌子，大声说："不卖了，哪有这样卖楼的。"话一说完，顿时整个门店安静得连地上掉一根针都听得见，张爸爸可能没想到经纪人还会拍桌子，吓得退了一步。这时，我赶紧大喝一声，小林，你怎么能对客人这么没礼貌，你被开除了，你出去。我这一大声，也是众人没想到的，门店更安静了。这时，我赶忙跟顾客张先生说："张大哥，不好意思，小孩子不懂事，您不要见怪，我向您道歉，这样，我中午请你们吃饭，小林我现在就立即开除他。"然后，我就继续跟他解释常规市场交易规则，我正说着，顾客却说："我知道，在哪里签字？"就这样成交了。成交后，没想到顾客还反过来替小林求情。但其实这是我早就跟小林商量好了的黑脸白脸策略。

黑脸白脸谈判策略是最有名的谈判策略之一，也是谈判中很常用的一种技巧，是指谈判中的一方，其中一人扮演完全和对手对立、不友好、有强硬要求的角色；另一人扮演友好的，可以和对方心平气和谈判的角色，运用较为强大的心理压力来达成自己满意的结果。在谈判中，对方可能跟你说，他很想和你做成这笔生意，但是他的老板不满意，甚至他将老板不满意的地方都偷偷告诉你："老板认为你们的报价太高了，有人出价比你们低，除非你们把价格再下调5%，否则你们可能就没希望了。"你以为这位客户和你站到了一个阵营里？错了，他和他的老板只是在使黑脸白脸策略而已。

这种策略运用相对广泛，就连我们看电影时，也经常会在老套的警匪片中看到这种策略。警察把一名嫌疑犯带到警察局，第一个出场的警察通常是一个看起来很凶的家伙，他使用各种办法威胁嫌疑犯，告诉他如果不合作，我们就对你不客气了。过一会儿，这位警察突然被一个神秘电话叫走，第二个警察出现了，他简直是这个世界上最温和、最善良的人。他一边递烟给嫌疑犯，一边说道："听着，孩子，情况并没有那么糟，我很喜欢你，我知道你现在的处境非常艰难，为什么不让我来帮你呢？看看我能为你做些什么。"他看似在问你一些并不重要的问题，可事实上他一直在深入你的内心，直到最后问出："你们把尸体藏到哪里了？"

在房地产销售中，如何有效地运用好黑脸白脸策略呢？

一、欲扬先抑、欲取先予

在回价议价时，当顾客回价了，你就代表顾客去同业主谈价，然后将结果反馈给顾客。反馈结果时，你可以这样向顾客表示，业主本人没有太大意见，可他太太不同意，而且业主是“妻管严”，非常听他太太的话，他太太对你的还价非常不满意，不想把房子卖给你（一般顾客愿意还价，当然是对房子有意向，听到对方不想卖给他，当然会有失落感）。不过，业主对你还是有很好的印象，希望与你成交，明天我约他们出来谈一谈，谈判时，你千万要注意，不要惹他太太生气，要不然就无法成交了。然后，第二天把买卖双方拉拢到一起谈判时，顾客一定会非常小心，不敢轻易乱砍价。

二、事先商议，两人配合

在有关谈价、说服的场合里面，如果与你同去的还有一个人，就完全可以使用黑脸白脸策略，临场话术可事前商议，但还需要临场发挥。只要黑脸表现强势，提出一些不可能达成的要求，愤然离场，而白脸表示和对方友好商谈，似乎站在对方的角度上就可以。关键在于黑脸表现完，白脸接着上的这个间隙如何自然过渡。可以说“他就是这样一个人，其实我很同意你的说法，只要价格合适，双方都能接受就行，你回一个实在价给他，我们好去谈。”

三、顾客或业主使用黑脸白脸策略，如何破解

首先，你一定要能够发现对方在使用此策略。当对方有两个人时（如夫妻两人），你就需要提高警惕，因为对方有可能使用此策略。例如，业主夫妻两人，一个同意成交，一个不同意成交，并且不同意的这一方还表现得对你或买家很反感；又如，对方两个人，一个很凶，一个则很温和地向你压价谈条件，估计对方也是在使用此策略。当面对对方使用黑脸白脸策略时，第一点，就是以开玩笑或讲笑话的形式直接告诉对方他们在使用这一策略，让他们停下来，多数时候他们会因为尴尬而停下来；第二点，我们也使用此策略来阻挡他们，这叫“以其人之道，还治其人之身”；第三点，可以通过对方白脸来达成自己的目标，你可以对“白脸”说：“从现在开始，我视他（黑脸）的想法为你的想法。”

第42章
让顾客乖乖就范的万能拒绝公式

有一位房地产经纪人，带一对夫妻去看一栋老房子，当这对夫妻进入院子时，太太发现院子里有一棵非常漂亮的樱桃树，这位太太兴奋地对她的先生说："你看，院里的这棵樱桃树真漂亮。"她的先生用手肘轻轻碰她，示意她不要过度兴奋，让经纪人看出来。非常不巧的是这一切都被细心的经纪人看见了。当这对夫妻进入客厅时，他们显然对这间客厅陈旧的地板有些不太满意，这时，双方展开如下对话：

顾　客：客厅的地板怎么这么旧？

经纪人：是的，先生您说得太对了，这个客厅的地板的确有点旧，不过，我想问您一个问题。（顾客原本以为经纪人要同他争论地板到底算不算旧，没想到经纪人同意自己的说法，便无话可说）

顾　客：什么问题？

经纪人：您有没有发现这个客厅有一个非常明显的优点，那就是您站在客厅的任何一个地方，只要透过大门就可以看到院子里那棵美丽的樱桃树？

顾客不语，继续跟着经纪人看其他地方。

顾　客：这个厨房的设备怎么也这么旧？

经纪人：先生，是的，您说得太对了，这个厨房的设施的确有点旧，不过，我还想问您一个问题。

顾　客：什么问题？

经纪人：您有没有留意这个厨房最大的优点就是无论洗菜，还是切菜或是炒菜，只要透过窗户就可以看到院子里那棵美丽的樱桃树。

这个经纪人在整个销售过程中，不管顾客提出任何抗拒，他一直不断地强调院子里那棵美丽的樱桃树，这对夫妻所有的注意力都集中在那棵樱桃树上（而樱桃树正是她们所喜爱的）。最后，这对夫妻花200万元买了那棵“樱桃树”。

这个案例主要是讲对顾客需求的挖掘，但其中所用的技巧对房地产销售人员来说非常重要。每当顾客提出抗拒时，这位房地产经纪人都用了同一个“万能拒绝公式”，有效地化解了顾客的抗拒，最后达成交易。这个“万能拒绝公式”就是不管顾客以任何话术来拒绝你，你都要说“是的，您说得太对了，不过，我有一个问题要问您”，来引导顾客的思路向你设计的方向前进。当顾客拒绝你的时候，如果你继续与顾客讨论他拒绝的内容，那你的思路就会被顾客的思路牵着鼻子走。反过来，如果你同意他的观点，会让他措手不及，没有办法反驳你，因为他反驳你，就是反驳他自己，你同意他就会让他无话可说。这时，你用“不过”或“但是”转折一下，并说“我有一个问题要问您”，对方就只剩下一句话可以说——什么问题，这时，你展开你设计好的问题，完全引导顾客的思路向你设计的方向前进，最终达成销售。

万能拒绝公式：是的，您说得太对了，不过，我有一个问题要问您。

案例1：你推荐的房子太贵了。

顾　客：你向我推荐的房子太贵了。

经纪人：是的，先生您说得太对了，我以前每次向客人推荐这个小区的房子，他们一听到业主报价时，都和您一样的想法，都说这个小区的房子太贵。不过，最后他们大多都买了这个小区的房子，您知道为什么吗？

顾　客：为什么呢？

经纪人：因为这个小区的定位就是像您这样有身份的上流社会人士。（经纪人开始塑造这个小区的价值及性价比，并得出性价比非常高，一点也不贵的结论。即不谈价格，谈价值）

案例2：这套房子的房间太小了

顾　客：你向我推荐的房子房间太小了。

经纪人：是的，先生您说得太对了，这套房子的房间的确是小了一点，不过您有没有发现这套房子有一个非常大的优点？

顾　客：什么优点？

经纪人：那就是这套房子的客厅看上去非常大，本来60多平方米的房子，因为厅非常大、够气派，看上去像80平方米的房子。

案例3：这套房子外墙太旧了

顾　客：你向我推荐的房子外墙太旧了。（顾客在外围指着一套学区房的外墙向经纪人说）

经纪人：是的，先生您说得太对了，这套房子的外墙的确有点旧，不过我有一个问题要问您。

顾　客：什么问题？

经纪人：您知不知道，去年高考我省的单科状元是谁？

顾　客：不知道。

经纪人：他以前就在这所小学就读。

记住，不管顾客以什么样的方式拒绝你，你都要先认同对方，让他心平气和，无话可说。然后，用“不过”或“但是”来转折，这样非常容易说服顾客。

第43章 如何强势攻占竞争对手业务资源

我们都是神枪手，每一颗子弹消灭一个敌人，
我们都是飞行军，哪怕那山高水又深。
在那密密的树林里，到处都安排同志们的宿营地，
在那高高的山岗上，有我们无数的好兄弟。
没有吃，没有穿，自有那敌人送上前，
没有枪，没有炮，敌人给我们造。
我们生长在这里，每一寸土地都是我们自己的，
无论谁要强占去，我们就和他拼到底！

相信大多数人都会被这首《游击队之歌》中“没有吃，没有穿，自有那敌人送上前；没有枪，没有炮，敌人给我们造”的歌词深深吸引。抗日战争期间，游击队员正是凭借这种坚强的毅力、顽强的战斗力与日本军队周旋作战，没有条件硬是创造出条件，没有队伍硬是拉出一支支队伍，没有武器硬是从敌人手里缴获了一批批武器。

商场如战场，战场上流血，商场中流泪，但原理却是一样的。在房地产销售中，经常听到置业顾问坐在售楼中心天天哀叹没有顾客，也时常听到经纪人天天大吐苦水，说没有盘、没有客。我在销售培训课程上经常问这些人，我们所在的城市今天有没有人成交，大家异口同声说：“有。”而且可能数量还不少呢。我又问：“这些是我们的客人吗？”大家不吭声。问

题的关键不是没有客人要买房，不是没有房屋买卖成交，而是成交的那些客人为什么不是我们的？我们天天坐在门店或销售中心等待顾客上门，守株待兔式地等着顾客把人民币送上门，这经常又被称为“坐以待币”，结果当然会是“坐以待毙”。房地产销售中“坐销”和“行销”的结果是大不一样的。没有客人，没有盘源，只要我们走出去就会有，有句话说得非常有道理：“困难困难，困在门店就难；出路出路，出了门就有路。”

作为一个优秀的房地产经纪人，一定要改“坐销”为“行销”，主动出击。走出去除了贴条、陌拜、驻守等主动开发行为之外，还要关注竞争对手的盘源及客户。“没有吃，没有穿，自有那敌人送上前；没有枪，没有炮，敌人给我们造”，同样适用于房地产经纪人。我们在商圈内与竞争对手竞争，如果连竞争对手的情况都不了解，就根本无法竞争。竞争对手有什么盘源，我们一定要有。“知己知彼，百战不殆”，“敌无我有，敌有我优”，其实讲得都是同一个道理——要了解对手，要想战胜对手，就要先在资源上战胜对手。

因此，一个优秀的房地产经纪人，在日常销售工作中一定要积极了解竞争对手的情况，竞争对手有什么盘源是我们没有的，如何开拓出这些盘源；竞争对手接待了些什么类型的客户，他们开拓客户的渠道是什么，我们可不可以同样利用好这些渠道开发顾客；竞争对手在商圈内做了些什么商圈精耕活动，我们可不可以做类似的，甚至超过他们；等等。有效了解竞争对手的方法可参考以下几点。

一、 关注竞争对手的橱窗广告

橱窗是地产中介展示盘源的重要窗口，尤其是一旦有较优质的盘源，会被一些地产中介公司以“精选盘源”或“店长推荐”等标题展示出来。因此，作为一个优秀的房地产经纪人在经过竞争对手门店时，会格外关注一下这些盘源，是不是我们有的盘源。如果我们没有，则要想方设法得到该盘源；如果我们有，而竞争对手以“店长推荐”“一周笋盘”之类的标题推出时，说明对方在大力推盘，我们也要加倍努力去推该盘源。

二、 利用买家了解对方的盘源

一般顾客买楼，不会只找一家地产中介公司，他们会货比三家，在几家甚至十几家地产中介公司看房子，以找到他们想要的房子。因此，优秀的经纪人应懂得先与顾客搞好关系，让顾客信任，然后，逐步了解顾客之前在哪些地产中介看了房子，看的是哪几套房子，对这些房子的感觉如何。当知道顾客看过哪些房子后，我们就可以通过敲门拜访、询问邻居等方式开发出这些盘源。

三、 网络盘源监控

在信息高度发达的今天，作为房地产经纪人，只要稍微能出业绩的，基本上都是网络经纪人，他们会把自己的盘源展示在互联网上并不断更新、跟进。现阶段，从全国范围来讲，搜房网、安居客、58 同城、赶集网等被经纪人使用的频率较高。因此，一个优秀的房地产经纪人必须每天关注网站上自己商圈内的广告盘源，一旦发现自己没有的盘源，就要想办法把这些盘源开拓回来。

贴　篇

第44章 销售进化论，传统的销售方法正在不断被淘汰

在培训课上，经常听到学员们有这样一些疑问：“我们这家地产公司太小了，没有规模效应，无法同大公司竞争，不知以后怎么办”，“我们卖的是单体楼，没办法跟那些大的小区相比，好难卖啊”等，言下之意，就是他们在目前的市场环境中没有优势，前景不乐观。

遇到持有这些观点的学员时，我经常这样回答他们一个问题：“物种在演进过程中，我们认为是遵循‘优胜劣汰’原则，但为什么一些看似优秀的物种却灭绝了呢？而一些不够优秀的物种却存活了下来？”这就要用“适者生存”来解释了。其实，房地产市场竞争也跳不出这个规律，竞争的关键不是你的公司或楼盘规模的大小，而是它能否适应当时的市场环境。

房地产销售的技术、模式以及相关的技巧也一样，能否创造出好的销售业绩，不是你的技术、模式以及技巧曾经多么有效率，或者曾经有多少人使用过，关键是随着市场的不断变化，置业者的购楼行为日趋成熟，以及房地产市场行为不断规范，你的销售技术、模式以及技巧能否适应当时购买环境的需要。就以销售技术为例，你以前或许接受过“AIDA”销售技术的培训（其中，A是Attention，注意；I是Interest，兴趣；D是Desire，渴望；A是Action，行动），这种销售技术一般用于一次拜访或客户对我们的产品及服务能够马上做决定的情况，通过引起顾客的注意，到使其产生兴趣，直至出现购买欲望，然后立即产生购买行为。这在房地产市

场还处于卖方市场时，是可以行得通的。但是当前的房地产市场已进入买方市场（特别是二手楼市场），如果你一味地使用或教导你的下属使用这种销售技术，那结果是可以想象的。因为，今天的房地产交易绝对不会是一次性接触，买家在买楼过程中要不停地看楼、比较、咨询，到其做决策购买，会经过很长一段时间，这就要求我们使用新的销售技术。

目前，国外比较新的成果就是“SPIN”行销技术（顾问式销售），这项技术在众多领域都取得了非常瞩目的成就，在房地产销售领域也有所运用。在我的培训体系里，我结合 SPIN 技术，创造出一套“优势售楼法”，被广大学员不断地验证其不俗的使用效果（在后面章节介绍）。因为房地产销售技术处在不断更新和发展之中，所以，如果我们还一直沿用或教导下属使用旧的销售技术，那我们也就会像那些被淘汰的物种一样，不能够在房地产销售领域长期存在下去。

妨碍置业者做决定的主要障碍有哪些？其实，落到根本之处，无非两点，“害怕”与“无知”，害怕让人们故步自封，无知则让人产生恐惧。

置业者害怕买错楼；害怕买得太贵；害怕还有更好更便宜的楼没看到；害怕买到不合适的楼；害怕开发商没实力；害怕很多承诺不能兑现；害怕交楼后没有现在说得这么好；害怕上当受骗；害怕被别人笑话是个很笨的购楼者；害怕拿不到房产证；等等。每一个买家都有害怕的理由，关键是我们一定要充分了解清楚，并解除它。

有一次，一位买家在我公司选购了一套还在按揭的二手楼，由于交易过程中有赎契、过户、公积金贷款等环节，时间相对较长，所以合同签订一个多月后，买家就天天打电话或来公司投诉，投诉理由不清晰，一会儿说东，一会儿说西。后来，我受理了这宗投诉，在我的一再追问下，买家才道出他的担忧。原来，在他看中这套房屋，并签订合同后，我司分店玻璃门上仍然贴着这套房源的信息，他怀疑我公司在继续卖该套房屋，搞一房多售，弄清楚原因后，我来到公司交易部借出刚办好过户手续并准备送去做公积金按揭的房产证给他看，上面已写着他的名字，从此，他再也不来投诉了。

购楼者的害怕是正常的，关键是我们要搞清楚他害怕的真正原因，有时他们说的原因未必是真的，只有不断追问，不断解除假原因，才能提供证明以消除购楼者的担心。

置业者一般是非专业购买者，通常对你的公司、公司的楼盘情况（或你推荐的房子）、公司的服务情况、买楼程序、怎样保障自己利益等不清楚，或者只模模糊糊地听说过一些，在这种无知的状态下，让他们做购买决策，他们必然会担心有风险，全然没有安全感。这种情况下，他们通常会以“我要考虑一下”或“我回去同某某人商量一下”等借口来推脱。

面对“无知”情况，同样也是要不停追问，了解顾客担心哪些风险，然后重复解说及介绍，并提供一些相关的资料或证明材料。

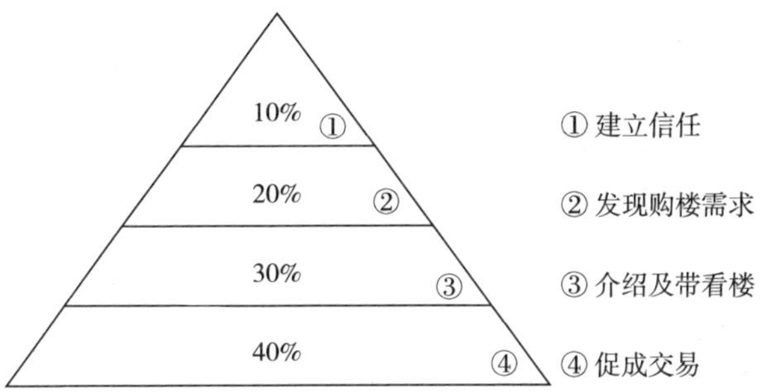

图 44－1　旧的房地产销售模式

在旧的房地产销售模式里，售楼人员与置业者一见面就寒暄，然后进入需求探寻（一手楼销售可以说是资格签订），简单的几句话后，就开始推荐、介绍楼盘，并带看楼，然后花大力气去解除顾客心中因害怕和无知产生的怀疑，直到成交。在这种销售模式里，售楼人员通常只用10%（非常少）的时间去与置业者建立信任关系，在需求的探寻阶段也只是简单地问“买多大”“预算多少”等，然后就迫不及待地开始推荐、介绍楼盘了。有时，推荐的根本就不是客户想要的楼，于是，又重新来过，不断重复。

这种旧的销售模式，在不确定顾客准确需求，与顾客尚未建立稳定的信任关系基础上，不断用推荐、介绍等去试探顾客的需求，然后，花大量的时间去了解及消除顾客的购买障碍，效率较低，顾客反应也较冷漠。

新的房地产销售模式在时间运用上恰好与旧的模式相反。首先，用

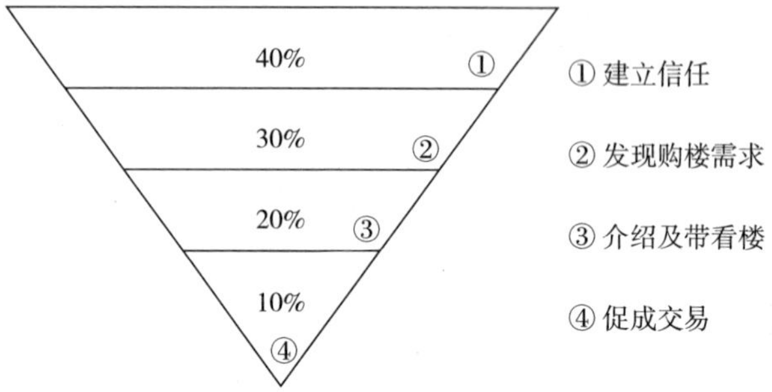

图 44－2　新的房地产销售模式

40% 的时间来与置业者建立信任，即建立信赖感，这包括如何储备你的购楼顾客；其次，将重点用在发现顾客的需求上面，即搞清楚置业者真正买楼的原因，及其他需求。有时置业者也不清楚自己的需求，必须通过全面的提问才能真正了解置业者的需求；再次，用 20% 左右的时间来推荐及介绍楼盘，介绍要充分、细致，消除顾客因害怕和无知产生的怀疑；最后，成交是水到渠成的事，促成交易的时间约占整个过程的 10%。

新的房地产销售模式，不是花大量的时间去消除置业者的购买障碍，而是用更多的时间去防止这些障碍的发生，即管理学上所谓的“事前控制”。如果你做足了事前控制，事后将不必花太多时间，也能极大地提高销售效率，这就是新的房地产销售模式的魅力所在。

第45章 让顾客在无意间主动配合你的互动式成交法

在一家生产防暴钢化玻璃的企业年会上，应董事长的邀请，公司的销售冠军与大家分享了他的推销经验。大家都非常希望他能说说他的业绩是别人的10倍的秘诀是什么。没想到这位销售冠军只讲了一句话："每当我向客户介绍公司的这种防暴钢化玻璃时，我就真的拿出一块玻璃，然后拿出一把铁锤，猛地砸下去，客户见玻璃没有碎，于是就跟我签合同了。"第二年的年会上，表彰的还是这位销售冠军，在分享成功经验时，他还是只说了一句话："每当我向客户介绍公司产品时，我就拿出一块玻璃和一把铁锤，然后把铁锤递给客户，让客户使劲砸下去，客户见玻璃没有碎，于是就签合同了。"

一个好的产品介绍往往可以让顾客心动。

有一次，我亲眼目睹了一位推销保护视力台灯的推销员的精彩介绍。这种台灯是普通台灯价格的五至六倍，单价要三百多元。我看到一对夫妇来到产品展示区观看产品，这位推销员就开始介绍产品。她先把灯光调暗了一些，手里拿着一根小木条，对着这对夫妇说："普通台灯的灯光对小孩子视力的影响就像我手中的这根小木条，是在潜移默化地影响着孩子们的视力。"她一边说，一边不停地用双手弯曲着这根小木条，接着又说："就跟你一开始注意不到木条的细微弯曲一样，初期你根本察觉不到小孩视力的变化。”突然她用力弯曲一下，“啪”的一声，小木条折成了两段，于是她说：“但久而久之，你孩子的视力也会像这根木条一样，下降了很多，可那时再发现就晚了。”紧接着她就开始介绍她推销的台灯了，说道：“这盏台灯的灯光是经过特殊设计的……”最后，我看到这对夫妇愉快地掏钱买了那盏台灯。

其实，一个好的产品介绍总是这样，通过适当的工具让顾客参与进来，感受拥有产品后可以带来的好处或没有拥有产品可能产生的痛苦。一个好的楼盘介绍也需要这样，要进行互动，也就是这里要讲的互动式楼盘推介法则。一般顾客在听你的楼盘介绍时通常会先入为主，如果你在17分钟内还没有引起顾客对该房屋的兴趣，那剩下的时间顾客可能就会心不在焉，甚至厌恶你的介绍，当顾客不再专注后，就意味着你可能失去了向他推销房屋的机会。因此，互动式楼盘推介法则要求你要尽快与顾客互动起来，让他参与到你的楼盘介绍中。

所谓“互动”，就是要通过激发顾客的五种感觉来影响他们的决策，让顾客帮助你来完成的销售。这五种感觉就是视觉、听觉、触觉、嗅觉、味觉。如果在楼盘介绍中你能很好地调动这五种感觉，特别是支配顾客购买的感觉，就能够更好地与顾客进行交流及互动，顾客对楼盘带来利益的感受也就会更深刻。

在产品介绍中，你要多留意寻找支配顾客的感觉，例如，顾客说：“看上去不错”，那可能顾客对视觉比较敏感，你在介绍中就可以多谈谈颜色、景观、采光等，并把你的楼盘推介尽量视觉化，可多提供一些图片或模型等进行介绍。又如，顾客一再强调安静或描绘一些与声音有关的事件，或者经常说：“听起来不错啊”，那他可能是一位对听觉敏感的人，你在推介楼盘时则要用“听”来形容，对于一个山景盘来说，你可以这样介绍：“这里晚上很安静，偶尔还可以听到青蛙的叫声，完全是来自大自然的声音”等。只要你多留意顾客的感觉，就可以找到合适的互动方式。

一、视觉式互动

这种方法适用于视觉敏感型顾客，售楼代表在推介楼盘时要多用视觉方面的字眼来介绍房屋，使对方产生良好的印象。例如，你可让顾客站在某个位置看窗外的美景，如果是预售房，你则可以通过生动细致地描绘来让顾客感受窗外的美景。一手预售房销售时，你也可放一些预先录制好的 DVD 广告片等让顾客观看，当顾客对某段情节产生浓厚兴趣或者提出相关问题时，你可以让他重复观看一两次。

二、 听觉式互动

有些人在日常生活中主要是靠听觉感知外界的，他们喜欢说话、喜欢打电话等，经常会说："听起来不错""我听你讲过""你不是说……"等字眼或句子。遇到这种顾客时，在介绍楼盘的过程中，就要多用能够唤起顾客听觉神经的句子。例如，你听，我们这个楼盘很安静，一点儿声音都听不到；居住在我们这个海景楼盘，你每天早上起来，走出房屋，就可以听到来自大自然的海浪声，你的心就会感觉到与大自然连成了一片；居住在我们这个山景楼盘，每天早上就可以听到来自大自然的鸟叫声，时时刻刻都有一种回归自然的感觉。

三、 触觉式互动

对于触觉敏感型的客户，你可以用触摸的方式，使他们认可产品。你要做的是，不停地让他们触摸房屋的各个细节。例如，你可以让顾客触摸防盗门感受安全的存在；让他们触摸厨具、家具等感受房屋质量；你还可以通过接触顾客的手、肩等位置，来增强顾客对你的信赖感。当然，要把握接触的度与场合。

四、 嗅觉、 味觉式互动

有些顾客是嗅觉、味觉比较敏感的人，他们喜欢说这类话语："我喜欢生活多些味道""我好像闻到一股……味道"等。专业的售楼代表要调动这部分人参与楼盘介绍，可多用些含有"味道"的词语，如在介绍楼盘时可以说："我们这里引进的是　　花，花开时会散发出　　味道""我们会所有　　设施，味道非常宜人""我们楼盘附近有很多美食，全国各地的美食都可以非常方便地品尝到"等。

由于人的五种感官敏感程度不同，所以在互动式楼盘推介过程中，既要抓住主要的一种感观，也要调动其他四种感觉一起来配合，充分利用一切可以让顾客参与进来的互动方式。

第46章 高效楼盘介绍的"2+3+1"黄金法则

在我给企业做顾问的过程中，为了调查企业的经纪人带看楼的专业水平，偶尔也会陪一些经纪人出去看楼。此外，在我自己买楼的过程中，也有不少经纪人带我去看楼，每次经纪人带我去看楼时，我都会特别留意他们是如何向我介绍其所带看的房子的。我发现，大概有50%的经纪人在介绍房子时，非常不专业，一进业主家里，就简单地把业主介绍给我认识，然后就对我说："邓先生，请看吧。"我在看房的过程中，经纪人一声不吭，等我看完了，经纪人就对我说："邓先生，我们走吧。"整个看楼过程，经纪人完全没有任何推销动作。偶尔有业主在我身边介绍一番，更像个推销员，而经纪人更像是业主。

推销推销，不推怎么能销呢？推销的第一个前提就是推介，介绍产品，有效地介绍房子，房屋销售就成功了一半。销售任何产品，销售人员都必须非常熟悉该产品，很难想象一个销售员连产品都不熟悉，又如何把产品卖出去呢？同理，一个房地产销售人员，必须非常熟悉自己推介的房子，并且在带顾客看房的过程中，能非常流利及巧妙地介绍房子的优缺点，以及房子给顾客带来的好处，这样才能顺利地把房子销售出去。那么，在二手楼销售中，一个房地产经纪人应该如何介绍自己所推介的房屋呢？

我从自己十余年的房地产销售工作中总结出了有效推介房屋必须把握

的“2+3+1”黄金法则。其中，“2”表示介绍房屋硬件的两个方面，“3”表示介绍房屋软件的三个方面，“1”则表示介绍这套房屋的唯一性。

一、“2”表示介绍房屋硬件的两个方面

（1）介绍房屋“大硬件”

“大硬件”主要指这套房屋外面的不可变动的配套设施，主要是指房屋周边配套设施、小区物业管理等情况，包括物业管理、保安数量、治安岗亭、儿童游乐设施、泳池、健身房、酒吧、娱乐设施、会所、幼儿园、小学、中学、菜市场、超市、便利店、公交车、地铁、邮局、医院、商业街、公园、景观、地段以及其他设施等。

介绍时主要是将这些物业管理、社区配套设施给置业者带来的舒适性、便利性、安全感、自豪感讲述出来，让顾客去想象及感受。

（2）介绍房屋“小硬件”

“小硬件”指的是房屋内部的不可变的情况，主要指房屋本身的状况以及装修等，包括实用率、通风、采光、私密性、舒适度、温馨感、豪华感、层高、墙面材料、户型合理性、装修质量、洁具品牌、厨具、家具电器以及其他贵重家庭设备、智能系统等。

介绍时主要是将这些房屋的状况、装修、家具电器及智能系统给置业者带来的安全感、舒适性、自豪感、幸福感等讲述出来，让顾客去想象和感受。

二、“3”表示介绍房屋软件的三个方面

（1）介绍房屋主人“发家史”

“房屋软件”主要指会随着房屋变化而变化的状况。例如，原业主五年前买这套房子时，是开桑塔纳的，卖房子时开的是奔驰。经纪人跟顾客介绍完业主的发家史后，要这样对顾客说：“张先生，要是五年后，您也买了奔驰的话，记得一定要借我开一天哦，这套房子可是我介绍给您的哦。”这样一说，就暗示顾客买了这套房，五年后也会买奔驰，以达到“卖梦想”的目的。告诉顾客买的不仅仅是房子，更是以后会如何发达的梦想。

（2）介绍房屋“升值空间”

任何人在买房时都希望所买的房屋能够保值升值。因此，一定要将以往多年该地段楼价的升值情况进行对比，或者将类似地段楼价的升值情况进行对比，以说明你所推荐的房屋升值的可能性。甚至可以大胆预测该套房屋十年后的价位，用“十年后楼价涨一倍”等语言来提升顾客的购买信心。

（3）介绍房屋“邻居”

如果顾客买房是用来自住的，一般都会关注一下与什么人为邻，因此邻居是提升房屋价值的一个非常重要的方面。一个优秀的房地产经纪人在介绍自己推介的房屋时，一定会用邻居或整个小区的居民素质来打动置业者。

三、“1”则表示介绍房屋的唯一性

房屋唯一性原则的内容我们在之前的篇章已经介绍过了，在这里不再重复。值得提醒的是，房地产经纪人在介绍房屋时，如果能够找到所推介房屋的唯一性，就一定要向顾客重点介绍这个唯一性，这是最能够打动顾客购买的关键点。

第47章 彻底消除顾客警戒心理的售楼关系学

如果我们对保险、直销从业人员稍有了解，就会发现这样一个事实，那就是大多数保险或直销业务员，他们的第一个顾客或早期的客户都是自己的亲人或好友。这是为什么呢？因为亲人或好友跟业务人员的关系非常亲密，不会刻意拒绝业务人员的推销。

我们每个人都要买东西，但每一个人都不喜欢被人推销东西。业务员与顾客之间的关系好坏与推销阻力成反比。如果置业顾问与顾客之间有着良好的关系，在推销房屋时，顾客心里的抗拒感就会大大减弱，从而有助于销售。

我有一位学员李小姐，有一次接待了一位广东客户（这位客户是典型的南方人，讲话有浓厚的广东口音），这位客户一进来眼睛就向上看，你问一句，他答一句，一副盛气凌人、高高在上的样子。李小姐就觉得这位顾客比较难打交道，但她非常清楚如果看楼之前没有跟这位顾客建立起良好的关系就很难推荐房屋给他，让他接受。于是，李小姐开始了下面的对话：

李小姐：先生，我看得出来您绝对不是广东人。（其实一眼就知是广东人，给对方指正机会）

顾　客：不好意思，我就是广东的。（一副得意的样子）

李小姐：啊？您真的是广东人？广东哪里人呢？

顾　客：佛山。(一问一答，高高在上的样子)

李小姐：啊？您真的是佛山的？我差点就跟您成了老乡。（拉关系，因为李小姐不会说广东话，所以用“差一点”，引起顾客的注意）

顾　客：什么叫差一点？

李小姐：我跟您说个事，您千万不要告诉别人。

顾　客：没事，我不会说的。(一副想知道又得意的样子)

李小姐：我刚来广州时，认识的第一个男朋友就是你们佛山的。

顾　客：那为什么差一点呢？(觉得没什么，不以为然地问道)

李小姐：不就是没有您长得帅吗。（大声激动地说道，顾客听完，头终于低下来了。于是，与顾客的关系拉近了，李小姐开始进行房屋介绍)

在介绍房屋前，一定要与顾客建立良好的关系，有了良好的关系也就有了信赖感，接下来的介绍，顾客才能听进去。要不然，在没有信赖感的前提下，我们做的工作大多都会是徒劳的。现实工作中，一旦我们与顾客接触后，拉“五同”将助你迅速与顾客建立良好的关系。

一、 同老、 老乡

我们要广泛与顾客拉“同乡、老乡”关系。只要稍加留意，你可以发现这样一个事实，无论走到哪里，无论是北方，还是南方，无论是国内，还是国外，中国人都特别喜欢认“老乡”，各式各样的老乡会层出不穷。一旦我们跟顾客有了“同乡”这重关系，信赖感也就随之建立起来了。

有一次，我看见一位置业顾问接待一对前来看楼的夫妇，这位置业顾问热情地迎上去，寒暄几句后，她发现对方男士讲话带东北口音，就赶紧问对方：“听口音，您是东北的吧?”对方回答说：“是大连的。”置业顾问一听，非常高兴地说：“这么说，我们还是半个老乡呢。”这位先生一听高兴了，接着就问：“你也是北方人?”置业顾问笑着说：“不是，我先生是大连的啊。”就这么一下，这位置业顾问就将这对夫妇的话匣子打开了，三个人有说有笑，问这问那，好像非常熟似的。后来，这对夫妇的家人又复看了一次，楼就这样卖出去了。

事后，我问这位置业顾问，你先生真的是大连人，她笑着说：“不是。”我问她：“那你去过大连没有，熟悉吗？”她说：“没去过。”我接着问她：“要是万一这对夫妇问你对大连的认识，或问一些大连的情况，你不怕穿帮吗？”她说：“那还不简单，我就说刚结婚没多久，还来不及回去看看，不就得了。”

还有一次，一位置业顾问接待一位女士看楼，几经周折，这位女士终于定了一套房子，可在下定当天，这位女士把她的先生叫来了，让先生做决策。这位先生带着很重的客家口音，于是，这位置业顾问就试探性地问他：“听口音，您是客家人吧？”这位先生高兴地说：“是啊。”置业顾问接着又说：“老家哪里的？”这位先生说是梅州的。听到这里，这位置业顾问就用梅州话跟他说：“我们是老乡啊，我妈妈就是梅州的。”一句话令这位本还在犹豫的先生一下子舒展开了眉头。当谈到价格时，这位置业顾问说：“您是我的老乡，我把全部折都给您打了，连我们老总手上的折扣我在这里都先斩后奏了，这个价格已经是最实惠的了。”就这样，一场本是非常紧张的价格谈判，一下子轻松下来。

事后，我觉得好奇，因为据我所知，这位置业顾问是土生土长的广州人，怎么一下子就变成梅州人了呢？我就问她：“你真的是梅州人？”她的回答是否定的，我好奇地问：“那你怎么会讲客家话？”她说：“那几句谁不会啊。”我又问她，要是那位先生继续用客家话和你交谈，岂不是要穿帮，她笑着说：“我不是说我妈是梅州的吗，我可以说我是在广州长大的，不经常讲，讲得不好，不就行了。”

原来，老乡这么好用，凡事都可以攀老乡，你可以说自己是老乡，也可以说有亲戚与顾客是老乡，还可以说有一位同事与顾客是老乡，或者可以说有位朋友与顾客是老乡。总之，多了一个老乡，关系就亲近一层，顾客对你的信赖感也就会随之增强。

二、 同学

与顾客沟通中，可以聊读书的话题，一旦对方与你读过同一个学校（无论是大学、中学，还是小学，甚至是幼儿园），你就变成了顾客的校友。一旦你是顾客的校友，你就要变得嘴甜，迅速与顾客拉近关系。一般来讲，顾客大多比你年长，你可以称对方为“师兄”“师姐”。在日常沟通中，你就不要再称呼对方为“ 先生”“ 小姐”了，而直接叫“ 师兄”“ 师姐”，这样将迅速让顾客信赖你。

例如， 师兄，有个好消息，我帮你找到了一个非常优质的房子。

师姐，这个价格是业主的底价，你想，我是你师弟，怎么可能骗你。

师兄，你放心，谈价这件事就包在师弟我身上了。

三、“同事”

与顾客沟通中，可以聊以前工作时的单位，一旦对方与你之前的工作单位（无论小公司，还是大单位/系统，例如，你在中国电信工作过，对方之前也在电信干过，那不管是广东电信，还是北京电信，或者上海电信，都是电信系统，大家也是同事）相同，那你就变成了顾客的同事。一旦你是顾客的同事，你也要变得嘴甜，迅速与顾客拉近关系。一般来讲，顾客大多比你年长，你可以称对方为“领导”。如果大家当过兵，你也可以称呼对方为老班长。一旦你这样称呼顾客，也同样会迅速让顾客信赖你。

四、同宗

与顾客沟通中，一旦顾客的姓氏与你相同，那你就变成了顾客的本家（同一个老祖宗）。如果你与顾客是本家，你就要学会攀关系，要嘴甜，迅速与顾客拉近关系。这时，拉关系最好要聊聊大家的家族史，最好说，你的老家是从顾客老家那里迁徙而发展起来的，让顾客有种自豪感，并认对方为“大哥”或“大姐”，甚至也可以认“干爹”或“干妈”，从而迅速使顾客产生对你的信赖感。

五、同好

“同好”指的是大家爱好相同，顾客喜欢什么，你也喜欢什么。这样，大家沟通时，你就可以投其所好，大家有共同的话题，沟通起来就非常容易。而且，在共同爱好上，如果你比对方专业，就很容易让对方佩服你、信赖你。如果在共同话题上，你不如顾客专业，那你就可以不断地请教他，让他觉得你是一个非常上进的人。

我们都是活在“关系”里的人，充分利用这些“关系”，与更多人建立新的关系，对你的事业的帮助将是不可估量的。畅销书作者戴尔·卡耐基在他的著作《人性的弱点》中写有这样一个成功公式：成功 = 80% 人际关系 + 20% 专业知识。在售楼过程中，有效地利用这种“售楼关系学”，将使你拥有更多的客户，使顾客对你产生更强的信赖感，从而卖出更多的楼盘。

第48章 房屋销售中，如何每次都让顾客喜出望外

有一个小伙子开了一家照相馆，经常接到旧照片的翻拍和放大业务，而这些旧照片一般都有皱褶、褪色，甚至模糊不清等各种缺陷。每当接待这些客户的时候，他总是先和客户说明，由于您的照片存在这些缺陷，可能会影响翻拍和冲扩效果，不过我会尽力让您满意。但是等到客户来取照片时，往往都是眼前一亮，陈旧的黑白照片经过精心处理，几乎和新照片一样，颜色饱满，画面干净清晰。客户自然会对老板的翻拍技术感到十分满意，并且还会主动向其他人推荐。时间一长，翻拍和扩大旧照片业务成为这家小照相馆的招牌，很多客户慕名而来，生意越来越红火。

其实，在电脑技术日益发达的今天，旧照片可以用专业电脑软件来轻松修复，这位小伙子从事摄影多年，对这点应当十分清楚，但他为何还要事先向客户说明可能会影响效果呢？这就关系到了客户满意度和满意期望值的问题。客户满意度指的是客户实际体验的最终感觉与他对服务商的期望的比值，用公式来描述就是，客户满意度 = 客户实际感觉/期望值。也就是说，如果小伙子不提前说明客户提供照片存在瑕疵，那翻拍修复之后客户的实际感觉与期望值就会相当，当然也就不会有喜出望外的效果了；而小伙子提前说明了照片的瑕疵可能会影响实际效果，客户的期望值就会大大降低，而当照片翻拍修复之后，那些瑕疵并没有影响整体效果，客户的实际感觉会大大高于期望值，这时客户的满意度就会非常高，由此所带

来的效果自然是喜出望外了。

在顾客消费过程中，如何提高顾客满意度，让顾客喜出望外呢？降低顾客的期望值就是一个非常有效的方法。在房地产营销中降低顾客的期望值，可以借鉴以下几种方法。

一、提前说明原因，降低顾客期望值

就像上述案例中的小伙子一样，当销售人员提前说明原因时，顾客的期望值就会大大降低。在房地产销售中，也有大量类似案例。例如，你带顾客看楼，顾客喜欢这套房子，问你多少钱，你说100万元，顾客还价说85元，你跟顾客说，之前有个顾客还价到97万元，被业主骂回来了，您要是有心买，出个实在价。这时，顾客对于一下子砍掉15万元的期望值就无形中被降低了。

又如，你跟顾客说，现阶段业主反价比较厉害，怕这个业主会反价，而且他太太之前也透露过想涨价。你这么一说，顾客想砍价的期望值也会被降低。类似的案例很多，关键是经纪人跟顾客/业主沟通过，通过事前的申明，让对方有所担心，这样自然就会使对方的期望值降低。

二、涉及完成时间，略微延长标准时间

在迪士尼，很多游乐设施由于人多，需要排队，通常在队伍的某个地方会放置一块牌子，上面写着“15分钟”，意思就是从这里排队到轮到你玩还需要排15分钟，这时，你可以选择在这里排队等候，也可以选择去其他人较少的地方。如果你选择在这里排队等候，你则会一边等待，一边看手表，通常大概等待10分钟左右就会轮到你玩了。这个时候，你完全忘记你已经等候了10分钟，相反，你会觉得迪士尼的工作效率非常高。其实，这块牌子上面本应该写“10分钟”，工作人员把它写成“15分钟”，这就有效地降低了你的期望值。这就是通过略微延长标准时间，而获得顾客较高满意度的典型案例。

在房地产销售中，当顾客问你，我的房子通常可以多少天内租出去，你可以这样回答：“行业平均水平大概在13—15天，我们公司的平均租出时间大概是10天。”其实10天仍然高于你们平时把房子租出去的平均水

平，你通常可能在5天内就把业主的房子租出去了，这时，业主的满意度就会非常高。

类似在房地产销售中利用延长标准完成时间而获得顾客较高满意度的案例还有很多。例如，你对顾客说，凭我个人经验，最多只能谈到95万元（实际底价是90万元），这时顾客仍然会希望谈得再低点儿，这时，你可以表现得很无奈，暗示顾客不可能再往下谈了，我的能力也就到这儿了。如果真的想把价格往下谈，除非请我师傅出马，他老人家不出手，估计没有第二个人能把价格往下谈了。

三、 转换环境， 降低顾客期望值

顾客对不同的消费环境，其满意期望值也会有很大差距。比如说，人们去农贸市场买东西，即使卖主有一些不太文明的言行，大家一般会见怪不怪；而去大的超市，如果超市服务员稍微有一些不文雅的举动，人们就会感觉服务差。这就是消费者对农贸市场和超市的满意期望值截然不同所致。又如，在地摊上哪怕很便宜的东西，顾客也要砍价；而在百货大楼，哪怕是上万元一件的衣服，顾客也不会砍价，因为百货大楼没有砍价的环境。

在房地产销售中，我们也要通过强调自己的品牌来让顾客对佣金打折不抱期望，通过强调我们会提供高标准的服务来让顾客明白我们各个环节的工作是为了确保服务品质，时间会略微长一点，等等。

第49章 房屋销售中，如何有效逆转“参谋”的观点

有一些顾客总是对自己的决定有所怀凝，虽然他们已看中某套单位，但总是觉得还不踏实，需要让熟悉房地产的朋友做参谋。如请房地产领域的人士、有购房经验的家人或朋友，这类客户虽然比较有诚意，但也是最难缠的。你的销售话术不但要让决策者满意，还不能得罪了喜欢大声说话的参谋；不但要让顾客觉得买到了自己需要的房子，还要非常艺术且有效地解除参谋人员的各项挑剔。在参谋参与决策的情况下，通常参谋那一关是最难过的。为什么这么说呢，我们分析一下顾客的心理就会明白。购房是人生大事，所以顾客找到的参谋一定是他非常信任的，而且是略懂房地产相关知识及行情的，就算不懂也会是有购房经验的。如果顾客自己购买了不喜欢的房子，那无话可说，但是如果是参谋的失误或者没有争取到优惠的条件，就可能会被顾客抱怨，所以参谋的担子可不轻啊。因此参谋对楼盘的要求要比购买客户还要高，他们专门挑楼盘的刺，就算房地产经纪人和业主已经谈好了价格，也要再砍价，他们觉得既然朋友信任自己就一定要不负所托，给出专业的意见。因此，参谋还常常自以为事，但他们的意见却通常对客户购买与否起到非常关键的作用。

在房地产销售中，如何正确接待参谋，有效化解他们的挑剔，让顾客顺利签单呢?

一、 重视参谋，绝对不要批评参谋

在房地产销售中必须高度重视参谋人的意见，因为参谋人虽然不是出钱人，不具有购买你所推荐房屋的最后决策权，但是他却对顾客下决心要不要买这套房子影响很大。此外，大部分参谋都是与顾客关系比较密切的朋友，俗语说："志同道合者方为友"，大部分参谋的观点，某种意义上可能也代表着顾客的观点。因此，在带看楼过程中，一定要尊重参谋，不要与参谋的观点发生冲突，当参谋的观点明显有违背事实的情况时，房地产销售人员必须利用前面章节中所述的"万能拒绝公式"艺术地化解与参谋的冲突。如果参谋的观点引导顾客朝成交相反的方向，房地产销售人员可以用"赞美 + 提问"的方式重新引导参谋及顾客的思路向自己想要的方向发展。此外，在与参谋的交往中，要避免使用"不会呀，我觉得挺好的啊""这套房子非常实惠啊，怎么说贵呢""先生买房子的是您，甭管别人怎么说，您自己觉得怎么样""您刚才说得不对""您别讲了，我插一句""您错了，我料到您是/会……""根本不对"等让顾客及参谋产生反感的语句。

二、 利用从众心理，让参谋失灵

前面章节介绍过的"从众心理"原则，如果房地产销售人员能够很好地利用，很多时候也可以让参谋闭嘴。可能很多女性都有逛街买衣服的经验，一般女性很少一个人逛街，都会跟自己的朋友一起逛街。当她看上某件衣服时，优秀的导购小姐一般不会等她确认是否要试穿一下，会直接从衣架上取下来鼓励她试穿，而当她从试衣间出来后，导购小姐一定会称赞她看上去身材好、这件衣服特别显身材等，而当这名导购小姐称赞的同时，店内的其他导购小姐也会过来打量她，用羡慕的眼光看着她，啧啧称奇。这时，她当然知道这些都是销售人员，她们的话不可信。于是，她通常会问同她一起逛街的朋友的意见如何？大家可以想想，这么多人都说她身材好，穿衣服特显身材，她的朋友能说她身材不好，穿的衣服难看吗？她的朋友在从众心理的影响下，通常会说"还行吧"。

这就是通过从众心理有效控制参谋的方法，有时甚至可以让参谋闭嘴。在一手楼销售中，置业顾问之间可以互相配合。看到同事在介绍样板房时，可以不经意间插上几句，表明这套房子好，或者引用“前几天的顾客”的话说这个户型好。二手房销售也是一样，无论是经纪人带看房子或回到门店与顾客洽谈，都可以无意间说自己看了这套房子，这套房子哪里好，或者引用“前几天的顾客”的话说这套房子哪里好。

三、 利用 “影子” 参谋， 让参谋闭嘴

在带顾客与参谋一起看楼时，首先一定要记得等着参谋，说他是行家并表示认识他非常荣幸，把他抬到一个高度上去。紧接着你可以跟顾客及参谋讲故事，说前几天刚好也接待了一位像你（参谋）这么专业的人士（可以说成是经常在网站上写房博的一些人)，他们也是陪朋友来选房子的，他们看了我们的房子后，说我们的房子哪里好，他朋友还下定了。如果是卖二手楼，则说自己前几天接待了一个非常资深的行家，推荐了一套三居室给他，看完后，听到我说楼下还有个两居室，他一定要来看，看完后觉得这套房子非常好，如果不是不够住，他一定要买，这样一来，让参谋不太好意思去驳斥“权威”。

第50章 让顾客渴望买楼的FAB法则

小白兔看到猫钓鱼，觉得挺好玩，于是，它也买来钓竿去钓鱼。第一天，小白兔去河边钓鱼，什么也没钓到，回家了；第二天，小白兔又去河边钓鱼，还是什么也没钓到，回家了；第三天，小白兔还是坚持去河边钓鱼，还是什么也没钓到，回家了；第四天，小白兔又来到河边，刚到河边，一条大鱼从河里跳出来，冲着小白兔大叫："求求你别再用胡萝卜当鱼饵了。"

一则笑话却折射出销售的真谛。很多销售人员总是向顾客推销自己想要的房子，而不是顾客想要的房子。胡萝卜对小白兔来说是至爱，但对鱼来说没有任何用处。这也就是说，我们在销售时，不要卖产品本身，一定要卖产品的好处。例如，我们买电脑，其实需要的并不是电脑本身，而是快捷、高效地处理文件和上网等功能，因此电脑销售人员一定要多推销顾客所需要的好处，这样比较容易成功。

一只老猫和一只小猫来到海边吃鱼，它们吃得很饱，晒了会儿太阳就回家了。在回家的路上，突然，从老猫的头顶上空砸下一袋东西，老猫敏捷地一闪，没有被砸中。但它非常生气，跑过去看了一下，原来是一袋子美金，它无可奈何地转身走了。这时，小猫建议它把美金拿回家，老猫说："美金没什么用，还是回家吧。"小猫说："美金可以买鱼啊。"老猫拍拍肚子说："里面全是鱼啊，还是走吧。"小猫接着说："你可以用美金买鱼，回家送给母猫，它们没吃鱼，你送鱼给它们，就可以与它们谈恋爱啊。"老猫一辈子没谈过恋爱，听到这里，立即扛起装美金的袋子高兴地回家了。

这则寓言说明，卖产品要卖好处，但同一种产品，可能会有很多好处，我们要卖的是顾客最需要的好处，一个优秀的房地产销售人员就要挖掘出一套房子能够满足顾客需求的好处。例如，在老城区卖学区房时，一般对于有小孩要上小学的家长来说，小孩是否能够入读名校是他们最需要的好处。但是，如果顾客是一位70岁的长者，孙子已经读中学了，这些学区房对他来说，就没有什么吸引力了。既然入读名校这一好处长者已经不再需要了，那么我们就要挖掘一些这位长者未得到满足的好处。一般来说，老城区的房子除了可以入读名校外，其生活、医疗等配套是非常完善的，这对长者们来说正是需要的好处。因此，我们可以挖掘出这些好处来向他们推销，而不仅仅盯住入读名校这一点。

在房地产销售中，如何有效地介绍房屋的好处，以及更多地挖掘房屋的其他好处呢？FAB法则是非常实用、高效的一个方法。

一、F（Feature）——属性

很多销售人员把这个单词翻译成特征或特点。特征，顾名思义就是区别于竞争对手的地方，而当你介绍产品且与竞争对手的产品进行比较时，就会让客户产生一定的抵触情绪。正确的翻译是"属性"，即你推介的房屋所包含的客观现实所具有的属性。比如，框架结构、电梯、入户花园、两个阳台、间隔方正、楼层高、景观、配套等。

二、A（Advantage）——作用

很多销售人员把它翻译成优点，优点就是你们比竞争对手好的方面，这自然会让客户产生抵触情绪，因为你们所面临的竞争对手非常多，相似的房屋也很多，你推介的房屋有时可能不会比所有的竞争对手推介的房屋都好。现实中的每一套房屋都有各自的特征，当你说房屋的某个功能/配

套比竞争对手好的时候，客户就会产生非常大的抵触情绪。实际上，在销售中把 A（Advantage）翻译成“作用”会更好一些，作用就是能够给顾客带来的用处。

三、B（Benefit）——益处

就是给客户带来的利益。比如，入户花园可以给顾客就带来好心情，且入户花园在房地产证上只是计算一半面积，相当于一半的面积不要钱送给顾客，这一点对顾客也有很大的吸引力。

四、FAB 法则使用技巧

1. 从房屋特征到房屋特点到房屋优势，逐步介绍，这就是 FAB 销售法则；

2. 对于初学者而言，可以按照以下思路联系 FAB 法则：因为……（属性），所以……（作用），这意味着……（客户得到的益处）。在介绍房屋时，用这个话术模板会不断提高你的推介效率，从而提升业绩。

第51章 你不可忽视的“卖居住”与“卖生活”差异

随着社会地不断进步，单纯的钢筋加水泥已不能完全满足置业者的需要，他们对生活质量及服务的要求也越来越高。现在的人们注重生活方式的改善，注重自己的生活圈子，注重未来生活的品质及地位等。因此，优秀的房地产销售人员在销售房子时，更要推介房屋所代表的生活方式。

一般来说，置业者在购买房屋时，除了考虑房子是否适合自己居住，还会考虑房屋是否能够保值升值、居住品质如何、居住便利性、社会地位、居住安全性、居住舒适度等。

置业者考虑的生活因素

考虑因素	考虑重点内容
保值升值性	与同地段物业的性价比、未来规划、升值空间、租金回报
居住品质	小区规划及设施（园林、绿化、花园、楼距等）、空气是否清晰、景观设置、是否安静、房型
居住便利性	交通、配套、文化娱乐、健身、医院、学校、市场
社会地位	商圈定位、小区定位、小区居民素质、楼盘品位
居住安全性	社会情况、住户背景、保安设施、智能化设施、大楼管理员分配
居住舒适度	人性化设计、物业管理、小区居民素质

一、保值升值性

1. 永远不要跟顾客谈价格，要与顾客谈价值。给顾客介绍房屋时，一定要塑造房屋的价值，而不是单纯地拿价格与竞争对手比较，因为只有房屋的价值是顾客所需要的。

2. 房地产销售人员永远不要做房屋推销员，而要做顾客的置业顾问。因此，我们必须非常熟悉所销售楼盘周边或所在商圈内的相关规划，它们对房地产市场将产生什么样的影响。

3. 要从远景来描绘物业的未来升值空间，而不是只关注短期的价格。短期内的楼价具有不确定性，顾客一般不会相信你的描述，而对于远期楼价，你甚至可以用“承诺”的方式来表达。

4. 作为一个优秀的房地产销售人员，必须非常熟悉楼盘或门店所在商圈内的物业租金回报情况。

二、 居住品质

1. 小区规划不仅仅是小区布局的问题，对置业者在小区的生活也会产生重要的影响，好的规划会让置业者生活得更加舒适。园林、绿化、花园、楼距等都会对居住的舒适度产生影响，而小区配套设施，如网球场、酒吧、便利店、商业、运动场所、健身房、幼儿园、小学、超市等则会对居住的便利性产生影响。推荐房子时，要把以上情况进行介绍，从各方面说服顾客。

2. 空气是否新鲜也是现代人考虑的一个因素。此外，是否闹中取静、噪音污染情况等均可以作为介绍房屋时的一项重要内容。

3. 房屋的户型设计、适用性、私密性、通风采光、居住舒适度以及房屋的景观等也是介绍房屋的一项非常重要的内容。

三、 居住便利性

1. 居住便利性可以从两个方面来向顾客介绍，一是小区配套设施带来的居住便利，上述居住品质内容中已有介绍。

2. 另一方面是外部环境及商圈配套带来的居住便利性，包括周边的交通、商圈配套、文化娱乐、运动场所、医院、学校、市场等。

四、 居住安全性

居住安全性可以从四个方面来向顾客介绍：

1. 社区治安情况：社区治安警力配备、近年来的治安情况。

2. 小区治安情况：保安数量及素质、保安巡逻情况。

3. 小区安全设施：物业配备的治安设施、小区智能化设施等。

4. 小区居民素质：小区内居民的职业、学历等。

五、 社会地位

1. 物业所在板块/商圈所代表的社会地位，如富人区、高校区等。

2. 小区楼盘形象所代表的地位，通过居民构成来凸显身份及地位。

六、 居住舒适度

1. 建筑是要以人为本的。小区规划的人性化设计如何，房屋结构是否充分考虑居住的舒适性等。

2. 居民素质与置业者身份相吻合，物以类聚，人以群分。

3. 小区的物业管理水平如何，是否充分体现“服务”精神，而非“管理”，也是置业者考虑的因素之一。

房地产销售人员在向顾客推介房屋时，一定要充分抓住所推介房屋在上述六个方面的优越性，用介绍生活的方式向顾客不断灌输这些日后将影响他生活的因素，并充分展现你所推介房屋在这些方面的优势，用“卖生活”的方式赢取顾客。

第52章 业绩倍增的“嘴甜”成交法

有一次，我去帮助一家地产中介公司提升店长的管理能力，在该公司做了一场《赢在店长》的企业内训。中午，该公司的总经理邀请我一起吃午餐。该总经理原来在全国某知名开发商卖楼，前后一共工作了六年，连续六年她都是该公司的销售冠军。共进午餐时，该总经理跟我说了一句话，我立即明白为什么她连续六年都是该大型知名开发商的销售冠军了。她说：“邓老师，我有个爱好，就是见到男性，我喜欢称呼他哥哥，见到女性，我就喜欢称呼她姐姐或妹妹。”我听完这句话，恍然大悟，原来被她这么一称呼，普天之下男男女女都变成了她的兄弟姐妹。试想一下，如果你的兄弟姐妹要买楼，来到售楼部会找谁呢？

这就是“嘴甜”的奥妙所在，当我们嘴巴“甜”一点后，顾客与我们的关系立即被拉近，顾客对我们的信赖度也随之增强。在房地产销售中，销售人员的嘴巴越甜，与顾客的关系就越好，销售房屋的难度就随之降低。例如，有一次，一位置业顾问与顾客闲聊，了解到顾客与自己以前读同一所中学，顾客比自己年长，于是，置业顾问就称顾客为“师兄”，每次打电话或者是顾客前来看楼时，都热情地叫“师兄”，并不断告诉顾客：“你是我师兄，你放心，我一定会帮你争取到最好条件的。”就这样，这位置业顾问与顾客之间的关系不断升级，顺利与该顾客达成交易。还有一位经纪人是退伍军人，当他与一位同样也是退伍军人的顾客认识后，这位经纪人就称该顾客为“老班长”。每次打电话或者是顾客前来看楼，他都热情地称呼“老班长”，并不断告诉顾客：“你是我的老班长，你放心，我一定会帮你争取到最好条件的。”这样迅速与顾客拉近了关系。

房地产销售人员用“嘴甜”的方法拉近自己与顾客的关系，除了用上述的方式外，还可以用“赞美”的方式获得顾客的好感，赞美顾客是最常用的一种拉近与顾客关系的方式，销售人员与顾客接触时，可以遵循下列原则及话术赞美顾客。

一、赞美个人（顾客/业主）

1. 您很有内涵，带您看楼令人很开心。
2. 您很和蔼，您很亲切。
3. 您怎么这么温柔体贴，您太有女人味了。
4. 您很有气质和内涵，讲话时更显得很文静。您可是大家眼中的才女。
5. 您到处散发着男人的魅力。
6. 您很有这方面的天赋，您让人感觉到一种权威和力量的存在。
7. 您真是我的良师益友，您讲话总是让我豁然开朗。
8. 您真是一个德高望重的人。
9. 您真是年轻有为。
10. 您看上去特别精神。

二、从生理、心理以及精神层面赞美顾客/业主

1. 您的面色红润，看得出您的身体很健康。
2. 您的眼睛水灵灵的，充满着智慧。
3. 您的个子真高，像模特。
4. 一看您的目光就知道您是一个阅历非常丰富的人。
5. 您一天能工作16个小时，真了不起。
6. 您的人缘真好，这么平易近人。
7. 您真是菩萨心肠，的确与众不同。
8. 您做事很有主心骨，不会被任何东西左右。

9. 您真是处变不惊，了不起。

10. 像这种学习的精神足以成为我们的榜样。您的这种意志力不是一般人能达到的。

11. 您真是个伟大而慈爱的母亲，您真是学生心目中优秀的老师。

12. 真看不出，您对事业如此执着。

三、从情感、尊重等层面赞美顾客/业主

1. 您有这么多人的关心，真令人羡慕。

2. 谁不知道您的鼎鼎大名啊。您是老大，您说了算。

3. 您真是个名副其实的活雷锋。

4. 您的今天真是来之不易呀。您这样努力下去，30 岁成个百万富翁不成问题呀。

5. 您在这里艰苦地奋斗，却没有忽视家庭。

6. 您在这里有着不可取代的位置。只有您这样的人才能达到如此高度。

四、从外貌、气质等赞美顾客/业主

1. 您的发型是今年最流行的，给人感觉很柔和、飘逸。

2. 您的皮肤看起来很光滑，白里透红。

3. 您的脸型非常适合这个发型，很精干。

4. 呀，这么好的身材，我还以为遇上模特儿了呢。

5. 看您手上的老茧，就知道您是一个能吃苦的人。

6. 您虽然是单眼皮，但严肃中流露出柔和，冷酷中传递着热情。

7. 您的脸型可是富贵之人的脸型。

8. 您的眉毛像最漂亮的柳叶。

9. 您的胡子长得像艺术家。

10. 您耳垂很大，一看就是个有福之人。

11. 您这条领带的颜色很醒目，这套西装可是国际名牌呀，很适合您，简直就像量身订做的一样。

12. 从您的服饰来看，您肯定是一个向往自由、爱好运动的人。

13. 您的衣服总是以红颜色为主，足见您这个人充满热情。

14. 您的气质很高雅。

15. 您的气质给人的感觉很不一般。

16. 您是一个很有品位的人。

五、 从工作态度、 领导魅力等层面赞美顾客/业主

1. 您对工作太负责了。
2. 您的确很有魄力。
3. 您真是魅力四射。
4. 您这方面的能力可真不简单。
5. 像您这样有能力的人确实不多见。
6. 您天生这么聪明，太有智慧了。

六、 从动作、 肢体、 仪容仪表等层面赞美顾客

1. 您点点头，微微一笑就让人心里舒服。
2. 您走起路来像模特。
3. 您走路很慢，可是看着很高雅。
4. 您走路显得很有气质。
5. 您笑得真灿烂。您笑得好真诚。
6. 您笑容很可爱。您的笑容很幽默。您的笑容很风趣。
7. 您的笑容像是在欣赏什么，很有吸引力。
8. 您笑起来时两个酒窝真漂亮。
9. 您的衣服虽然简单，但很有个性。
10. 您的穿着给人很轻松的感觉。您的穿着给人很温柔的感觉。您的穿着很协调。
11. 您天天打扮得像个明星。
12. 您的穿着很有气质，很有魅力。
13. 您的穿着有领导气派。您的穿着很特别。
14. 您的眼神真迷人。您的神情很柔和、亲切。
15. 我很荣幸结识您这样有内涵的朋友。

16. 我肯定不会交错您这个朋友。
17. 像您这样考虑问题如此细致的人，不成功才怪呢。
18. 您喜欢安静，肯定思考很多常人想不到的问题吧？
19. 您不喜欢展示自己的才华，真是可惜呀。
20. 和您交往真痛快，您特有英雄气概。
21. 您还有多少秘诀，请再教我一招吧。
22. 天天和您说话真是激情四射。
23. 谁要是烦得很，我一定让他到您这里感受您的满腔热情。
24. 还是学历高的人懂得多。
25. 您走过的桥比年轻人走过的路还多，
26. 像您这样富有，却又低调的人真难得。

……

第53章 如何让顾客记住你，想跟你买楼

在销售工作中，记住顾客的名字是非常重要的，但很多时候更为重要的是让顾客记住我们的名字，当顾客记住我们的名字后，他们才会找我们买房子。例如，我记住了比尔·盖茨的名字，而且还记得非常深刻，但是，由于比尔·盖茨不认识我，当然就更不可能记得我的名字了，所以也就不能指望比尔·盖茨与我发生什么联系。

作为一名优秀的销售人员，必须在与顾客接触的过程中想方设法让顾客记住你的名字。如何才能让顾客比较容易就记住自己的名字呢？我从十几年的工作经验中总结出如下四个方面：①让人记忆深刻的名字介绍；②独特的声音；③从容貌和穿着上为自己加分；④为自己竖立个人标志，让别人在听到你的名字时就能想起你的相貌。

一、让别人记忆深刻的名字介绍

（1）把自己的名字与名人联系在一起。例如，我在培训时经常这样做自我介绍："大家好，我的名字叫邓小华（在屏幕上写下邓小华三个字），请问在座各位有没有不认识其中任何一个字的，举手示意一下。邓是什么邓？（邓小平的邓）；小是什么小？（邓小平的小）；华是中华人民共和国的华。三个字没有什么特别含义，加起来就是一切都好的意思。在这里我衷心祝愿各位，从认识我这一刻开始，不管你的生活也好，工作也好，一切

都变得越来越好，这样好吗?”（以祝愿引起听众掌声）

（2）介绍自己的名字时与地名联系在一起。例如，大家好，我叫江南。唐代大诗人白居易有一首词：“江南好，风景旧曾谙。日出江花红胜火，春来江水绿如蓝。能不忆江南?”我就是能不忆江南的江南，春风又绿江南岸的江南。

（3）介绍自己的名字时幽默一点儿，让顾客在开心大笑中记住你的名字。例如，在下　　，我是以长得难看出名的（掌声）。在我的生活、工作中，男人对我的印象都特别好，因为本人这个样子对他们没有构成威胁（笑声），而女人对我的长相感觉就不太好了，有的女人对我的长相已经到了忍无可忍的地步（笑声、掌声），她们认为我是人比黄花瘦，脸比煤球黑（笑声）。但是我特别声明，这不是本人的错，当初父母没有征得我的同意就把我生成了这个样子（笑声、掌声）。时代在变，潮流在变，人们的审美观念也在变，如果仔细地归纳起来，你会发现，现在男人的长相基本上分成三种：第一种看上去漂亮，看久了没什么男人味儿；第二种，看上去很难看，以后是越看越难看，简直是惨不忍睹；第三种，看上去很难看，看久了就顺眼了，你会发现他有另外一种男人的味道，这就是在下我这种（笑声、掌声）。鼓掌的都表示同意了，鼓掌的都是一些和我长得差不多的（笑声），真是物以类聚啊。

二、 独特的声音

声音和容貌都是父母给的，我们不好去改变。但我之所以会提到声音在销售中的重要性，正是因为在我的经历中确实存在这么一个用声音的魅力成功拉近与客户间距离的典型例子。因此，我们在日常工作中，可以训练自己的声音，使其更加浑厚或甜美，这样在进行电话沟通时更容易引起顾客好感。

三、 从容貌和穿着上为自己加分

之前的“名字介绍”和“声音魅力”无论是在面对面销售还是电话销售中都是非常有效的，而容貌和着装只能在会面时让客户感受到。如果你不具备前面的两个优势，就要把握这个优势了，但是不要告诉我你不漂亮、不帅，即使真是这样也不要紧，打动别人的是职业形象，而不是长相，穿着职业是最为重要的。

四、为自己竖立“个人标志”，让别人在听到你的名字时就能想起你的相貌

我们可以在职业形象塑造或动作举止等方面打造一些“个人标志”，但记住不要太出位。这样也容易让顾客记住你。其实，做销售就是在做一种关系，别人接受你了，愿意和你做朋友了，谈合作就容易多了。做销售也是在做一种服务，要能多站在对方角度考虑，只有做到双赢了，合作起来才更轻松，也更长久。因此，虽然你因“个人标志”让顾客记住了，但形象不要太奇特，举止要得体，要有服务意识，给顾客留下良好印象才是正道。

第54章 让顾客无法抗拒的服务成交理念

2006年年初，在英国伦敦的一条大街上，新开了一家叫“罗毕”的鞋店。鞋子的款式丰富，质量也不错，但是这条街上的鞋店实在太多了，同质化现象严重，竞争非常激烈，因此这家鞋店的生意一直平平淡淡。一天，店里进来两位时尚女性，她们挑了一双又一双的鞋，试穿了一次又一次，最后终于买了一双。付账的时候，只听买鞋的顾客对同伴说：“今天购物真是辛苦，一次一次地脱鞋，又烦又累。”店老板心想，既然许多顾客在选购鞋子时，常抱怨换鞋太麻烦，若能让顾客赤脚进店就少了不必要的麻烦，顾客试穿起来就要轻松多了。但如何能让顾客自觉自愿赤脚进店呢？放上许多拖鞋，肯定不行，仅仅一双拖鞋是不可能让顾客自觉脱鞋的。那该怎么做呢？

后来，店老板从一些重要场合中铺的红地毯得到了启发，决定在店内铺名贵地毯。铺好地毯后，他将店名改为“赤脚鞋店”，又在门口设置鞋架。做好这些后，他召集所有员工，郑重地宣布，顾客脱鞋进店后，由服务员免费代为擦鞋。然后，老板在门口贴出一份告示：店内铺有名贵地毯，顾客须脱鞋进店购物，并由本店免费代为擦鞋。

告示公布后，许多顾客慕名而来，有些顾客本来是想来免费擦鞋的，但占便宜的次数多了，也不得不买一双鞋；有些顾客是来买鞋的，他们光脚后，试的鞋也就多了，当然买得也就多了；还有些顾客是进来随便看看的，进店后，感觉既随便，又亲切，而且又有人给擦鞋，不经意间也买了鞋。结果鞋店的销售额大增。

在商品严重同质化的今天，服务已经成为打败竞争对手的一个重要法宝。在房地产销售中服务显得尤为重要，它是房地产中介产生差异化的最后一环。当你离顾客越近，你离对手就越远，通过服务制胜的房地产销售时代已经悄悄来临。房地产销售人员可以通过以下几个层面的服务来提升自己的销售量。

一、 不以销售为目的的售前服务

有一次，在门店的橱窗广告前有一位女士正在看“盘源”，她一手领着她3岁大的宝宝，另外一只手拿着宝宝的玩具及水瓶，腋下还夹着宝宝的衣服，一副狼狈的样子。我见状赶紧把我平时提东西的环保袋拿来给了这位女士，对她说：“把玩具、水瓶、衣服都装进环保袋，这样会方便一点。”这位女士拿了环保袋后，在橱窗前看了许久，说好像没有她要的房子。我跟她说，给你环保袋不是要你买房子，只是希望你轻松带着宝宝逛街。后来，这位女士经常在我们门店的橱窗前面出现，直到她在我这里买了一套房子为止，而且，她还为我介绍了几个朋友来门店找房子。就是这样一个小小的环保袋为我卖出了两套房子。

售前服务通常是一些与卖楼无关的服务，通过这些服务可以建立与顾客之间的高度信赖感，不会让顾客觉得我好像只有卖楼了或者为了卖楼才提供服务，而是感觉我为人厚道，不势利。让顾客相信我们，相信我们推荐的房子，这对销售有极大的促进作用。相关内容，我们在后面章节还将展开论述。

二、 销售房屋时， 顺便提供一些额外服务

房地产销售人员做“行销”时，经常会到各种置业者出现的场所派发DM广告。通常很多DM广告一到消费者手里，连看都没看，就被扔到垃圾桶里了。后来，我们在给一些企业做顾问时，告诉他们可将DM广告其中一面印盘源信息，另一面印成广州地铁分布图，当把这种双面DM广告派发给消费者时，被扔进垃圾桶的概率就低多了。

第55章 售楼中，眼泪也有妙用

在一个卖玩具的摊位上，有一位年轻爸爸带着一个女孩正在旁边看，销售员热情地向他介绍各种玩具，可这位年轻的爸爸看上去无动于衷，就在这时，旁边的一个男孩已经满地打滚了。销售员立即调整策略，对这位年轻爸爸笑了一下，集中火力招呼那个满地打滚的小孩及他的妈妈。这位可怜的妈妈看着满地打滚、泪流满面的孩子，终于拗不过，买下了那部遥控车。小女孩看到满地打滚的小男孩得到了自己心爱的玩具，也立即要求爸爸给她买那个最大的布娃娃，爸爸说家里已经有很多布娃娃了，不想给她买了，可这时小女孩的眼泪流了出来，年轻爸爸立即掏钱买了那个娃娃。原来，小孩其实已经知道眼泪的分量了，跟家长出门，如果得不到想要的，他们往往就会拿出这招最有效的法宝——他哭闹，你妥协。

现实生活中，经常听到人们说“市场经济不相信眼泪”“男儿有泪不轻弹”“眼泪是弱者的表现”等，但却忽略了眼泪在某些场合下是最好的办事工具。在《三国演义》中，刘备凭借“眼泪”哭下了江山，刘备最擅长的就是“眼泪外交”，眼泪为刘备赢得了“人和”。他以哭动人，招贤纳士；以哭感人，赢取民心；以哭对敌，智脱险境；以泪为兵，保有城池。在小说中，刘备所流眼泪次数之多，形式之多样，都高居小说之冠，堪称一绝。

很多人都说：“商场如战场，商场不需要眼泪。”眼泪只能令你的能力大打折扣，说明你是情绪化的、不适应环境的、不能承受压力的、需要同情的。但事实是，在房地产销售中，眼泪有时也会取得意想不到的效果，眼泪也可以将劣势转为优势，因为“商场眼泪”有时会让顾客或业主产生“同情心”，化解他们对你或对本次交易的坚硬态度，从而做出适当的让步，最终达成交易。

有一次，我的一位同事陈小姐带一名顾客去看一套房改房，业主是一位住在门店附近的50岁左右的阿姨。带顾客看完楼的第二天上午，这位阿姨去买菜经过门店，被眼尖的陈小姐看到，就约她进来闲谈。闲谈中聊到昨天带去看楼的那位顾客，陈小姐讲了这位顾客的家庭及身世，其中的一些事情听得人心酸，讲着讲着，陈小姐眼泪就流下来了。没想到，这位业主也是一位多愁善感的人，也流下了眼泪。后来，因价格太高而打消购买念头的顾客还是买了这位业主的房子，因为业主在听完他的故事后，在房价上做了较大的让步。

销售中巧妙地运用眼泪，可以取得意想不到的效果，但不是每次都是这样，不是每个人都适合用“眼泪”做销售工具。一般来说，女性较适合，而男性要慎用。当我们在销售推进受阻时，不妨试着在业主或顾客面前示弱，述说自己的处境艰难、工作压力、家庭压力等，辛酸处可运用眼泪。这样不但可以缓和气氛，也可以让对方用更多时间重新思考他开出的条件。此外，为了避免谈判破裂，也可以运用眼泪的力量。

在房地产销售中，虽然眼泪有其妙用，但一定要注意场合，注意对象，效果因场合、因人而异。因此，“商场眼泪”的运用要注意以下几点，要少用、慎用，还需要掌握“飙泪”的必胜诀窍。

1. 避免野蛮威胁型的眼泪沟通。很多顾客属于主宰型的人，这类人特别强势，要求被尊重，并体现出权威，即使你飙泪的工夫一流，他们也不会同情你。

2. 少用、慎用。就算眼泪是有效武器，也不能过于频繁使用，别把林黛玉哭成祥林嫂。

3. 不要在完全丧失理智的情况下流泪，倘若没有必胜的把握，最好还是不要流眼泪。

4. 倘若你年轻漂亮又是新入行的，通常可以放心大胆地使用一回眼泪。

5. 倘若你是资深经纪人或储备主管或门店经理，要格外小心使用眼泪，这样职位上的人流泪会让顾客或业主感觉你们公司的员工不太成熟。

6. 对于相对陌生的客户来说，眼泪是有风险的，而对于那些已经很熟悉，只是因为某种可能的变故而需要攻关的客户，眼泪会相当有效。

7. 感动的眼泪有利而无害。发表年终总结或当你成为年度最佳员工，受到大家表扬时，不妨眼含热泪地感谢大家。真诚会打动所有人，即使那些平日里对你不满的人内心也会有不小的震动。

第56章 让工作精力旺盛十倍的“吸引力法则”

几年前，“吸引力法则”曾风靡全球。有一位女大学生，在一家高级服饰店的橱窗里，看到一只昂贵的旅行皮箱。当时她正准备回乡下度假，她差一点就说出：“我很想要那个旅行箱，但是我没有那么多钱买。”还好，她想起“吸引力法则”，那就是否定的事绝不要说出口，立刻将它改为肯定的事情，这样才能使潜意识发挥作用，而出现奇迹。因此，她立刻改变方式，告诉自己说：“我要把那个旅行箱当成是自己的东西来接受它，以后的事，就让潜意识来安排吧。”平安夜那天晚上，她的男朋友送给她一件礼物，而这件礼物正是她喜欢的那只旅行箱。如果只把这件事当成巧合的人，那么他一定还不知道“吸引力法则”是什么。

“吸引力法则”指的是当我们把思想聚焦在一样东西（某种想法、某个人、某件事、某物）上时，我们的心灵就会与之产生共振。根据吸引定律，同频共振、同质相吸，于是我们与我们所聚焦的东西开始互相吸引，彼此互相靠拢在一起。所以，如果你聚焦在你想要的财富、健康、爱情上，你就会得到它们；如果你聚焦在你所不要的贫困、疾病、孤单上，你也会得到。绝大部分的人所要的得不到，不要的却恰恰得到了，正是因为他们把思想更多地聚焦在了自己不要的东西上却浑然不觉。当你有意识地选择你所想的、你所聚焦的，你就是一个自主创造者，你创造一切你想要的经验，没有意外。

“吸引力法则”指引我们凡事要汇聚正能量，当一件事情发生时，我们脑袋里第一个想到的应该是正能量，而不是负能量。我们把所有的焦点聚集到正能量上，事情的发展就有可能向正的方向运动，即我们常说的心想事成。例如，我们在接待客户时，看到某个客人穿着简朴，有不少人下意识就觉得这个人不可能会买楼，当我们带着这样的想法去接待这位顾客时，最终的结果很可能是成交不了。我们的思想、肢体语言出卖了我们的心，传达不友好的态度给顾客，顾客当然不可能买楼。因此，我在售楼过程中，包括训练我的下属时，我都是这样要求的，对于我们接待的任何一位顾客，都应该告诉自己，要买十套房子的客人终于来了。当我们带着这种想法去接待顾客时，我们的情绪、肢体都会异常兴奋，有时会让顾客不买楼都不好意思。

我经常发现一些房地产销售人员，尤其是经验老到的销售人员，他们好像是算命先生，见到顾客就掐指一算，断定谁会买楼，谁不会买楼，这是非常不对的。根据“吸引力法则”，我们一定要用充满正能量的想法去接待顾客。因此，我们不要再有“这套房子价格这么高，怎么卖得出去”“这么差的户型怎么会有人买”“这么倒霉，这个月上门客一个都没有”等负能量的想法。我们要相信“天底下没有卖不出去的房子”“我接待的顾客一定会跟我买房子”“这套房子的价格我一定可以谈下来”。

此外，其他一些类似运用潜意识的力量提升自己信念，促进销售的心理学法则也可以在日常售楼工作中加以运用，下面推荐14个心理学现象给各位房地产销售人员参考。

1. 当你对某件事情抱着百分之一万的信心时，它最后就会变成事实。(当我的愿望足够强大，我就可以。)

2. 期望定律。当我们怀着对某件事情非常强烈的期望时，我们所期望的事物就会出现。

3. 情绪定律。人在绝大多数时刻都是情绪化的，即使说某人很理性，能够理性地思考问题，这种“理性地思考”本身也是一种情绪状态，所以人们在任何时候的决定都是情绪化的决定。

4. 因果定律。任何事情的发生，都有其必然的原因，有因才有果。换句话说，当你看到任何现象的时候，你不用觉得不可理解，因为任何事情的发生都必有其原因，今天的结果是过去种下的因导致的结果。

5．吸引定律。当你的思想专注于某一领域的时候，跟这个领域相关的人、事、物就会被你吸引过来。

6．重复定律。任何的行为和思维，只要你不断地重复就会得到不断的加强。在你的潜意识当中，只要你能够不断地重复一些人、事、物，它们都会在潜意识里变成事实。

7．累积定律。很多年轻人都曾梦想做一番大事业，其实天下并没有什么大事，只是一件一件小事累积起来就形成了大事。任何大成就或者大灾难都是累积的结果。

8．辐射定律。当你做一件事情的时候，影响的并不只是这件事情本身，它还会辐射到相关的领域。任何事情都有辐射作用。

9．相关定律。这个世界上的每一件事情之间都有一定的联系，没有一件事情是完全独立的。要解决某个难题最好从其他相关的某个地方入手，而不只是专注于一个困难点上。

10．专注定律。只有专注于一个领域，才能在这个领域有所发展。所以无论你做任何行业，只有当你能够专注于此的时候，你才能够在该领域有所成就。

11．替换定律。负面的记忆或习惯是无法完全去除掉的，只能用一种新的记忆或习惯去替换它。

12．惯性定律。任何事情只要你能够持续不断地去加强它，它终究会变成一种习惯。

13．显现定律。当我们持续寻找、追问答案的时候，它们最终都必将显现。

14．需求定律。任何人做任何事情都是带有一种需求的，尊重并满足对方的需求，别人才会尊重我们的需求。

第57章 如何利用高科技提升销售业绩

“工欲善其事，必先利其器”。人与动物最大的区别就是人会使用劳动工具，社会的任何一次革命性的进步都是由劳动工具的变革带动的。荀子在《劝学》中写道：“吾尝终日而思矣，不如须臾之所学也；吾尝跂而望矣，不如登高之博见也。登高而招，臂非加长也，而见者远；顺风而呼，声非加疾也，而闻者彰。假舆马者，非利足也，而致千里；假舟楫者，非能水也，而绝江河。君子生非异也，善假于物也。”“善假于物也”讲的就是君子之所以高人一筹，是因为他善于利用外物和已有的条件。

一个优秀的房地产经纪人也必须学会使用最先进的房地产销售工具，让这些工具为自己服务，从而提高销售量，不断创造佳绩。

一、 学习电话营销技巧

电话是目前最方便的一种沟通方式，具有省时、省力、沟通快速的优点，电话在房地产销售中已经越来越显现出其重要性。我们每个人使用过的不同手机的价格加起来，可能已经过万元，我们在手机硬件上花费不少，但很少有人为手机软件付费，即学习如何打电话，如何打电话更有效。开发商在报纸上做广告，消费者看到广告后打电话进来，据调查显示，平均接到一个电话的广告成本是300元；而房地产网络经纪人在网站做广告吸引买二手楼的顾客打电话进来，成本也就是15元/电话左右。如果我们没有做好电话沟通，导致顾客流失，这是非常昂贵的一项隐性成本。

学习电话营销技巧可以从如下几个方面进行：①电话礼仪。电话被现代人公认为便利的通信工具，在日常工作中，电话语言的使用非常关键，它直接影响一个公司的声誉。我们通过电话能粗略判断对方的人品、性格。因而掌握正确的、礼貌的电话语言是非常必要的；②打电话的技巧。打电话的目的是什么，打电话给谁，什么时机打电话，打电话如何开场，电话中如何介绍房屋，电话中如何约见面，电话中如何跟进顾客，电话中如何砍价，电话中如何成交等都是我们需要掌握的沟通技巧；③接听电话的技巧。接听电话的时机选择，接听电话的成交术等都是非常关键的。一个优秀的房地产销售人员必须熟练驾驭电话沟通中的各项技能、技巧。

二、 网络经纪人营销技巧

目前，在二手楼销售的顾客来源分布中，大概有80%甚至更多的客户来自网络，网络已经成为开拓客户的最为重要的来源。如何在网络上获取更多的顾客来电，已成为经纪人创造更高业绩的必修课。选择什么盘源上传、如何创新标题、如何上传最有吸引力的图片、刷新频率、写楼评、写小区介绍、写自我介绍等都是经纪人必须好好去钻研的课程。

三、 利用微博进行房地产销售

微博是目前影响力最大的网络媒体，如何利用微博开拓目标顾客；如何利用微博创建个人品牌；如何利用微博进行楼盘公关、促销活动；如何利用微博达成交易等将成为日后房地产营销中一个重要的课题。

四、 利用博客、 微信、 邮件、 Q群等进行房地产销售

互联网时代就是要学会利用网络资源为自己的营销服务。

第58章 让业绩暴风骤雨般突破的售前服务

有一天，我接到一个五年都没联系过的朋友的电话。有人开玩笑说，如果你突然接到一个很长时间都没有联络的朋友的电话，一般是来借钱的，否则就是该人开始做直销，发展下线来了。我这位同学属于前者，最后的结果我想大家都猜到了。这件事情告诉我们，如果在遇到困难时想获得更多人的帮助，最有效的方法就是经常与别人保持联系，不要用人朝前，不用人朝后。

其实，在日常的房地产销售工作中又何尝不是这样呢？很多经纪人在开发盘源时，一拿起电话就跟业主说：“请问是　　先生吗，你的房子卖不卖?”这让很多业主反感，甚至一听到是地产中介就立即挂电话。那我们在日常工作中应该做些什么才能避免类似情况的发生呢?

一、 短信维护商圈内的业主

在此介绍一个我做业务时开拓盘源过程中打电话给业主从来不被挂电话的秘诀。

作为一个经纪人，不管有没有客户，我们都要经常去门店所在商圈的小区走一走。有客户时，要带客户看楼，没客户时，也要去勘察房屋以熟悉自己主攻的小区。有一次，我在小区的一栋楼的一楼防盗门上看到一张“通知”贴在上面，“通知”的内容大致如下：由于市政维修，明天早上9

点至下午5点停水，请各住户准备生活用水。当我看到这则通知后，我立即回到门店，那时是下午7点左右，我在电脑上打开我们购买的短信平台，输入了以下内容：亲爱的住户，由于市政维修，明天早上9点至下午5点将停水，请您准备好生活用水。某某地产某某人。同时将短信发送至业主手机。记住，在这个过程中，短信内容结尾输入“某某地产某某人”是非常重要的，否则，业主一定会误认为是物业管理公司最近服务水平提升了。当业主看到我们的提醒短信后，可能会会心一笑，然后准备好明天的生活用水。

从此之后，凡与业主有关的事情我都会以短信形式提醒他们，比如，明天小区停电，请准备蜡烛；明天有暴雨，出门请带上雨伞；明天高温39度，出门请注意防暑等。大概平均每个月发两条“提醒短信”给业主，强化业主头脑中对我公司及我的印象，时间长了，只要提到地产中介，业主的大脑里自然就被我及我的公司占据。当下次打电话时，我拨通电话后的第一句话就这样说：“请问您是　　吗？我是经常发提醒短信给您的某某地产公司某某人。”请问，当业主听到我说我是经常发提醒短信的某某地产公司某某人时，他还会挂电话吗？在我的工作实践中，取而代之的是一句“谢谢”。而在这时，假如业主想要卖楼或者要租房子，我说服他委托我来租售的可能性就会比其他经纪人高出很多。另外，业主要卖楼或租房时，我与业主砍价，他们通常也会多让我一些，而这一切均源于我之前与他们的良好沟通。

二、 想方设法在售前为业主义务服务

我有一个朋友从事墓地销售，曾经是他们公司的销售冠军。有一次，与她闲聊时她讲到销售过程的艰辛，因为向活人推销这种墓地，顾客的抗拒心理是非常大的。为了能够获得推销的机会，她就在一个小区义务帮很多家庭清洗抽油烟机，以此来接近顾客，建立好感。在义务劳动了近一个月，洗了近100台抽油烟机后，她感动了一位老太太，并完成了她人生的第一单买卖。此后，她就用这种方法，创造了该公司的销售纪录。

其实，在售楼过程中也可以采用类似的方法来实现业绩的突破，我之前在广州老城区卖房子就有类似经历。广州的老城区不像新区那样到处是

小区楼，而是很多单体楼，是街道式的房子。尤其是20年前建的那些房改房，很多老房子直接矗立在街头，一楼甚至没有防盗门，可以直接到达各楼层、各住户大门。不但如此，这些房子还没有物业管理，每个月抄水表特别麻烦，通常是每户人家每个月轮流值日抄水表，但经常会遇到住户不在家的情况，于是抄水表变成了非常麻烦的一件事。

当我公司的门店开到这条街上以后，我了解到这一情况，就自愿做起了义务抄表员，每个月我会花上两至三天的时间来处理这件事。每到一家，我抄完水表后都会稍坐一会儿，与业主聊上几句，问问他们最近住得如何，有没有要买房或卖房的计划。就这样，半年之后，这几条街道上大多数的房屋成交都是我来完成的。

三、 培养随时服务别人的意识

有时候有些服务不需要刻意去做，而是要贯穿在整个房屋勘查过程中，使服务成为一种习惯，因此，我们一定要培养随时服务别人的意识。比如，在爬楼梯时，前面有位老人（业主）买菜回来，正提着菜上楼梯，而你正好带顾客去看楼走在后面，这时，你可以帮老人提菜上楼。你这样做，一方面，这位业主一定会感激你，一路上帮你说好话，万一这位业主正是你要带看房子的邻居，那就更加有利；另一方面，买家看到你这么热心，也会更敬佩你，跟你买楼的概率也会大大增加。类似这些举手之劳的事情，对你来说百利而无一害，一定要养成好习惯，随时服务别人。

很多人觉得做经纪人、置业顾问非常难，这主要是他们还没有真正理解付出与回报的关系，人们常说："去银行取钱之前一定要先存钱"，就是这个道理。请记住：每一份付出，都会有双倍的回报。如果真正懂得做售前服务的重要性，并付诸行动，你的业绩便会迅猛突破。

勤 篇

第59章 勤掏名片，迈向成交

我发现大部分售楼人员在一些非销售社交场合不太愿意递出自己的名片，除了在房屋销售场所，其他场所我还没有收到过任何房地产销售代表的名片，也没有人主动来跟我交换名片，更没有人主动介绍自己说："先生，您好，这是我的名片，我是某某楼盘/房地产公司的销售代表。"我可以理解下面这些人为什么不愿意递出自己的名片：殡仪馆工作人员、安全局特工、FBI驻外负责人，但我无法明白一个置业顾问为什么就不愿意掏出自己的名片，大声说："先生，您好，这是我的名片，我是某某楼盘/房地产公司的销售代表，希望有机会可以为您服务。"

销售是一项伟大的、值得我们骄傲的事业。试想，一个产品（包括楼盘）品质再好，如果没有销售人员辛勤地推销，也不会得到广泛的推广。聪明的爱迪生发明了电灯，却说服不了当时固执的人们正眼瞧一瞧；第一部缝纫机问世之时，波士顿的人们不但不领情，还将它砸得粉碎；火车刚上路时，也曾被诅咒为怪兽；摩斯发明了电报，却无法说服当时议会相信电波的存在；伽利略在比萨斜塔上做的自由落体实验有力地证明了物体做自由落体的速度与质量无关，但这并没有改变当时学校沿用亚里士多德的错误观点进行教学。这一切的一切，都要靠推销人员凭三寸不烂之舌辛勤推广。否则，今天我们还不知道汽车是什么，也看不了电视、电影，甚至还天天蹲在山洞里。总之，推销事业在经济发展过程中发挥了它特有的重要作用，没有推销，就促成不了那么多的消费，同理，在房地产销售领域也就没有那么多成交了。

此外，售楼工作除了是一份伟大的工作之外，还是普通人改变自己生活档次，过上富足生活的一条有效途径。试想，一个已经步入社会的普通人如何去改变自己的命运？考公务员、当官，恐怕没机会；读名牌大学，得看年龄是不是允许，还有时间、精力等因素，并且名牌大学毕业生中的大多数人也未必成功；搞创新、搞发明，这个想法非常棒，可惜有点玄；开公司、创业，这也是个不错的主意，但需要资本，还要有行业经验。其实，不具备上述条件，而又迫切希望改变自己命运的人，更需要奋斗，勇往直前。在当今这个年代，选择售楼将会是个不错的开始，理由如下：

1. 选择售楼工作不需要资金投入，没有任何风险；

2. 我国正处于城市化进程中，房地产仍是朝阳行业，无论是一手楼市场，还是二手楼市场，均将持续旺盛；

3. 房地产是单价高的大众消费产品，成交后可赚取的佣金高；

4. 房地产推销工作收入无上限，只要你足够努力，收入可轻易超过企业中的一般管理层，甚至是一些个体户及小企业主，没有人可以限制你的收入，这是一个用一碗汗水就可以换来一桶金的行业；

5. 你可以选择忙或闲，以及你想要的生活方式，你拥有最大的自主权。

既然房地产销售是这么伟大又这么值得我们去从事的一份工作，我们就没有什么理由不愿意掏出自己的名片了。相反，从今天开始，你要非常乐意地在任何场合下派发你的名片，推销你自己。我们既然选择了一份工作，就要接受它；接受了它，就要喜欢它；喜欢它，就要用你的行动证明它。

比尔·盖茨有一次回母校哈佛大学演讲，有人问他：“今天，如果你大学毕业，你会替微软工作，还是自立门户？”他的答案是：“我不知道，因为我大学没念完。”不过，这位有史以来最出名的哈佛中辍生继续强调，如果要他选择，他一定会选择一份自己喜欢的工作，并在工作中寻找到乐趣。从这位世界首富的讲话中我们可以看到，喜欢自己的工作对一个人的成功来讲是非常重要的，只有喜欢自己的工作，才能从工作中寻找到乐趣。今天，既然你选择了这份售楼工作，你就必须接受它，并强烈地喜欢上它。

在我刚做房地产销售业务时，有一次部门搞活动，经理特意买了一个大榴莲回来，在每人桌上放了一大碟。榴莲味道有点臭，而且多是女孩子爱吃，男人一般不吃，可经理偏偏喜欢吃，还说这是“百果之王”，味道特别香，说完就大口大口地吃起来。其实，我自己对吃是不挑剔的，但唯独不喜欢榴莲，那股香中带臭的怪味，我实在是无法下咽，而眼前这一大碟却是经理的一番好意，我不知如何是好。经理平时比较照顾我，这次也不例外，问我：“怎么样？要不要再来一碟？”可仔细一看，发现我和旁边一位同事都皱着眉头，满满的一碟都还没动，顿时变了脸色，大声训斥我们：“卖楼与吃榴莲一样，你们不接受榴莲，怎么可能知道榴莲的美味在哪里呢？而你们如果不爱上你们手上这份售楼工作，怎么会有动力去卖楼呢？情人眼里出西施，要先爱上它，才能体会到售楼工作的好处在哪里，也才能够迅速地成长。”

有了这次教训，我开始转变对售楼工作的看法。在这里我衷心地说：“谢谢榴莲。”亲爱的读者朋友，作为从事房地产销售工作的你，现在是否也要好好体会一下“榴莲”的味道呢？

第60章 试探性成交将助你提升30%业绩

置业顾问：张先生，我先帮您计算一下这套房屋的价格吧。（置业顾问一边说，一边拿出一份认购协议）

置业顾问：张先生，请问您的身份证号码？（一边问，一边在认购协议上写下张先生的姓名）

购房顾客：李小姐，我还没说要认购啊，怎么就要签认购协议？

置业顾问：张先生，不要怕，我不是要您签认购协议。您知道吗，您刚刚看上的那套房子的确很不错，这份认购书只是为了方便计算，帮助您更加全面地进行权衡，没别的意思，写上您的身份证号码可以让您更有真实感，这样岂不是很好？

购房顾客：哦，是这样啊，我的身份证号是　　……

置业顾问：您想买的那套房子是　　阁06单元，面积　　平方米……

置业顾问李小姐一边问，一边填写，很快认购协议的内容就填写完整了。接下来，置业顾问就谈了谈目前楼市的情况，并一再强调06单元的房源紧张，是畅销单元。最后，置业顾问半开玩笑地说："张先生，今天可要让您当回明星哦，在这里留下您的大名。"一边说，一边拿着认购协议给了张先生，张先生一下被逗乐了，再加上真是喜欢06单元，于是，爽快地签了名。

这种试探性的成交方法，是通过一种投石问路的方式，先看看顾客的反应，再决定下一步该做什么。这种成交方法是以假想成交为基础的，签约前以假想顾客已经购买或者已经决定购买为前提，然后，通过一系列假想问句来完成成交工作。试探性的假想对已经有购买欲望，但犹豫不决的客户有效果，可以逼顾客早点做出决策。但是，如果顾客对房屋兴趣不大，或者没有需求，则这种假想很难改变其购买决定。因此，试探前一定要做好需求分析，准确捕捉顾客的需求。

假设顾客购买或决定购买后，为了让销售向前推进，实现完美的结局，必须运用一些方法来引导交易结束，这里推荐两种非常有效的推进方法，即“二选一”推进法和“豪猪”推进法。

一、“二选一”推进法

“二选一”推进法就是将顾客推进到一个购房的氛围，在这种氛围下再进行选择，其实，这时顾客的任何选择都是被推进了的，是可成交的。例如，置业顾问：“某某先生/小姐，看您这么有诚意，我就先斩后奏了，把我们经理权力之内的折扣都给您了，您看下5000元定金，还是10000元呢？”又如，在对二手楼讨价还价时，可以这样说：“某某先生/小姐，您还的价格低了一点吧，这可离业主的底价还差好几万呢，不过，看您这么有诚意，无论如何我都要去跟业主争取一下，您看，您现在是下5000元诚意金还是下10000元好呢？您放心，给我一个星期时间，如果谈不到您还的价格，这些诚意金一分钱不少全部退还给您。”

二、“豪猪”推进法

汤姆·霍普金斯在传授他的销售技巧时，告诉大家有一个“豪猪”销售技巧非常适合做销售推进之用。“豪猪”推进法就是让顾客在不经意间进入购房状态，在毫无准备中接受成交。例如，在一手楼销售中，开发商通常会保留一些户型好的房子，针对这些被保留的房子使用这种方法特别适合，下面这个案例就很典型。

置业顾问：张先生，这套房子怎么样？

购房顾客：不错，可惜没有低楼层了。

置业顾问：低楼层看园景特别好，您想要低层的单位吗？

购房顾客：是啊，可惜你们没有啊。

置业顾问：我听经理说昨天有一个低楼层单位的业主想换房，换成两套挨着的，您稍等，我去问一下，看有没有给别人。

置业顾问：（过一会儿）张先生，看来您跟这套房子真是有缘，恰巧这位客人想换房，要不然低层是绝对等不到今天的。这样吧，张先生您先交点定金吧，您看是5000元，还是10000元呢？

第61章 让顾客一辈子都跟你买楼的“加码”销售

有两个人分别遇到两名抢匪，两个人都没受伤。第一名抢匪拿走一个人的皮夹及所有85美元现金。第二名抢匪则有不同的做法，他拿走另一个人的皮夹及现金70美元，再加上他的手表及普林斯顿班戒，这两样东西其实并不贵重，卖到街上也不值什么钱。

一般而言，这个故事就到此为止了。但是两天后，第二名被抢的男子走出公寓，准备去上班时，忽然听到有人叫他。他转过身，一个面带微笑的男人站在那里，原来正是二号抢匪，摆出一副得意的样子。二号抢匪是来做生意的，他问这名男子想不想要回手表及普林斯顿班戒，由于这两样东西对他有特别的纪念意义，他答应了这笔交易。抢匪要求以500美元将这两样东西卖给他，但男子身上只有90美元。抢匪接受了这90美元，但并没有马上就把手表和戒指还给他，只是给了他一张当铺的收据。后来，他去了这家当铺，并且付了80美元，赎回了他的表和戒指。

第一名抢匪“赚”了85美元现金，而第二名抢匪使用了一个简单的策略，让“顾客”持续“消费”，在抢劫当天先赚了70美元，然后将戒指和手表卖给当铺，赚了60美元，再将当铺的收据卖给当事人，又得到90美元，他总共的收入是220美元。

是的，这就是一种可以增加收入的策略，一种让人持续消费的策略。一个优秀的房地产销售人员必须学会如何让顾客持续买楼，或转介绍其他顾客买楼，甚至这位顾客周边的所有人都跟你买楼。当然，我们不需要去做“抢匪”，但我们需要学习这种让收入倍增的销售方法。

在销售中，运用这些“加码”销售方法越多，提升业绩的效果就会越好。如果你去钓鱼，只用了一根鱼竿、一根钓线、一个鱼钩，你能抓到的鱼势必不会太多；但如果你同时用十根鱼竿、十根钓线、十个鱼钩，你钓到更多鱼的可能性就大很多。在销售房屋时也是这样，如果只是一次性成交，能卖出的房子当然是有限的，但如果我们能在每次成交时，运用更多的“加码”销售，业绩自然就会更上一层楼。以下这几种“加码”销售的方法非常值得每一位房地产销售人员学习及运用。

一、 优惠券式“加码”销售

我们去餐厅吃饭，吃完准备埋单时，有时会要求给打个折，而许多餐厅会以赠送“优惠券”的方式来代替打折。打折，折出去的每一分钱对商家来讲是纯利润，而优惠券不是，优惠券是增加销售收入的一种“加码”销售方式。如果顾客要将赠送的优惠券变成自己的实惠，就必须再次光临这家餐厅，进行再次消费，这将为商家增加更多的营业额。

很多销售一手楼的开发商也会运用类似的方式来增加销售，例如，老顾客介绍新买家，每成功介绍一个，赠送两年管理费；或者让顾客自己去组团，只要组织三人以上一起购买，就可以打98折等，这些方法都是“加码”销售。

有一次，我在上海的一堂培训课上，就地产中介如何增加销售的问题进行讲解时，也提出类似餐厅促销的建议。在上海平均每卖出一套房子，按标准大概可以收到50000元中介费，当我们全额收到中介费后，如果给顾客赠送一张500元或1000元面值的现金抵扣券，估计没有人会感兴趣，但如果我们将面值增加到5000元或10000元，估计很多人就不会轻易将这张现金抵扣券扔掉了，转而可能会赠送给亲朋好友。要让这张现金抵扣券发挥作用，就必须再次消费，对地产中介公司来说，就相当于增加了销售收入。

二、 喜欢上住房租赁业务

城郊结合部的住房租赁业务，由于租金较低，能收到的租赁服务费较少，很多业务人员把其视为“鸡肋”，其实并不是这样。今天的地产中介市场仍然是房源时代，业绩的好坏与房源的多少有重要关系。当顾客需要购买的房源公司没有时，我们必须全身心地去开发顾客需要的房源，而从租赁业务中开发一套房屋又是其中一个非常重要的途径，并且还有机会说服业主连同租约一起销售。对于我们租赁出去的一套房屋，在租约期这一年里，基本上可以说是我们的“独家盘”，其他中介虽然可能知道业主电话，但他们不知道租客电话，与租客不熟悉，就是业主同意“租转售”，他们带顾客看楼也不方便。而我们是租赁的促成人，只要成交后与业主及租客保持联系，进行必要的售后服务，自然在这些方面就会有更多的优势。因此，一个优秀的房地产经纪人必须喜欢上住房租赁业务，并懂得从租赁中“加码”销售。

三、 切实做好售后服务

售后服务也是让顾客转介绍，实现“加码”销售的一个重要方法。很多房地产销售人员，一旦成交后便在顾客的视线里永远消失，这种销售方法很难让自己的业绩常青。真正用心的服务才能打动顾客，获得顾客转介绍。例如，租赁后协助租客搬家，买卖后协助双方交割物业，协助业主进行物业管理费、水电费、电话费、有线电视费、煤气费等费用的清缴及过户，协助户口迁出等。此外，成交后定期的短信及电话跟进也是非常有必要的，甚至可以在年节时寄一张贺卡等。

第62章 同一天，你进餐厅的次数最多几次

同一天，你进餐厅的次数最多几次？

对，就这个问题：你在同一天，进餐厅的次数最多几次呢？我曾在许多培训场合问过这个问题。有的人回答两次，有的人回答三次，还有人回答四次。有一次，一位学员跟我开玩笑说十二次，情人节那天。当我问及你这个问题时，你仔细想一下，你会有几次呢？还有一次，我向一位朋友问这个问题时，他的回答是八十一次，他是国内某知名企业色拉油推销员。一天进餐厅八十一次意味着什么？意味着这位推销员在这天一共拜访了八十一位顾客。而你呢？你昨天打了八十一通电话吗？如果没有，那就更不用说带八十一位顾客看楼了。这位推销员是全国色拉油销售冠军，一天拜访八十一位顾客的销售冠军。

很多人在销售过程中都一直苦苦寻求成交捷径，终无结果。他们并不知道天道酬勤的道理，世上本无捷径，唯有工夫不负苦心人。只要我们认准一个方向，不投机、不取巧，踏踏实实做人做事，一定会成功，没有人能仅仅依靠天分获得成功。上帝给予了你天分，唯有勤奋能将天分转化成最终的成功。曾国藩是中国历史上很有影响的人物，然而对于读书，他的天赋却不高。有一天，他在家读书，一篇文章重复了不知道多少遍，却还没有背下来。这时候他家来了一个贼，潜伏在屋檐下，希望等他睡觉之后捞点好处。可是那个贼等啊等，就是不见他睡觉。贼人大怒，跳出来说：

“这种水平读什么书?”然后将那篇文章背诵了一遍，扬长而去。贼人是很聪明，至少比曾先生要聪明，但是他只能成为贼，而曾先生却成为毛主席都钦佩的人。勤能补拙是良训，一分辛苦一分才。那个贼的记忆力真好，听过几遍的文章就能背下来，但他投机取巧，不踏踏实实做人，最终只能做贼；而曾国藩虽然天赋一般，但却非常勤奋，最终成为一代枭雄。

一个房地产经纪人如果整天想着怎么寻求捷径，不劳而获的话，他的业绩是好不起来的。相反，整天忙着打电话跟进顾客及业主，忙着带顾客看楼，跑出去贴条开拓房源的经纪人，哪怕是刚入行，业绩也会不错。任何时候比其他人多带看一次楼，多打一通电话，多发一条短信，多跟进一次顾客，多发一张 DM 广告，多驻守楼盘一小时，多坚持联系一次顾客，就有可能多成交一套房子。

有一次，一位业主在我们门店放了一套金燕花园房子的钥匙，这位业主比较心急，同时配了多套钥匙，放在好几家地产中介公司。业主委托的价格也算公平，可以说是一个较优质的盘源。一时间，几家地产中介公司都纷纷带客人看楼，场面甚是壮观，形成了僧多粥少的局面。很快，有三家地产中介公司的客人都被经纪人“逼定”成功（由于经纪人的流动性非常大，在那一带，各家地产中介公司的经纪人彼此之间都十分熟悉），当然其中我所带去的顾客也下了诚意金。我立即打业主手机，结果电话关机。于是，转打顾客家里电话，结果电话无人接听（顾客在金燕花园有两套房子，其中一套自住，一套放售。由于家里电话无人接，就是直接上顾客家也没有用）。于是，我只好一边干活，一边不断拨打业主手机及家里电话。从下午一直打到晚上 9 点，无人接听。晚上 9 点，我们隔壁有顾客下定的那家中介公司门面的卷闸门关了，我心里暗喜，此时仍未间断拨打业主的手机及家里电话。大概 10 点左右，我们公司对面那家有顾客下定的地产中介的卷闸门也关了，而我还在拨打业主手机及家里电话。大概 11 点的时候，业主家里电话终于有人接了，原来，业主外出手机没电了。我立即告诉他，我就在他家楼下，有一个非常有诚意的顾客因明早急着出差，让我先上来跟您聊聊。

就这样，我多打了一个小时的电话，就多成交了一套房子。在房地产销售中就是这样，很多时候，你比别人多付出那么一点点，成交就会是你的。那么，我们在日常销售工作中有哪些地方可以比别人多勤快一点，多付出一点呢？

1. 每天比别人多跟进一个业主；
2. 每天比别人多跟进一次顾客；
3. 每天比别人多带顾客看一次楼；
4. 每星期多驻守楼盘一小时；
5. 每天多贴条一小时；
6. 每星期多洗一栋楼；
7. 每天比别人多刷新网页十次；
8. 每天比别人多上传一个新盘源；
9. 每天下班比别人晚走一小时；
10. 每天比别人多做一次房勘。

第63章 连续三年平均每天卖一套房子的秘诀是什么

在《售罄Ⅰ》中，我就介绍过一位传奇人物，汤姆·霍普金斯——世界推销之王，他是房地产个人年销售量吉尼斯世界纪录保持者（连续三年平均每天卖出一幢房子），至今无人能打破这个纪录。他被美国报刊称为国际销售界的传奇冠军、房地产销售大王。

汤姆·霍普金斯在回忆他的销售成长之路时说："我父亲的愿望是让我当一名律师，可因为我生性顽劣，辜负了他对我的期望，不但浪费了父亲毕生的积蓄，还被律师学校勒令退学。退学后，我在一个建筑工地以搬运钢筋为生，不过我始终相信一定会有更好的谋生手段，于是我开始尝试做销售。在做销售的前三个月，我一共才挣了150美元。这样惨淡的业绩我维持了整整半年，那时候真是穷困潦倒，吃饭都成问题，我感到非常沮丧。当我搜遍了全身所有的口袋，发现只剩下一百多美元的时候，我毫不犹豫地报名参加了世界第一激励大师金克拉的一个为期五天的培训。没想到这五天的培训成为了我生命的转折点，在这个培训班里我学到了很多有用的推销技巧，更重要的是，我从中得到了一种巨大的力量——真正的推销员应该不畏艰难，坚持不懈，这让我的人生有了柳暗花明的转机。培训之后，我成了北极冰公司的业务员，这是一家专门生产冰块的企业（生活用冰和商业用冰）。一次成功的销售经历让我至今记忆犹新，因为我把冰推销给了生活在北极的爱斯基摩人——阿默斯林。"

霍普金斯：您好，阿默斯林，我叫汤姆·霍普金斯，在北极冰公司工作，我想向您介绍一下北极冰能给您和您的家人带来的诸多益处。

阿默斯林：这可真有趣，我听到过很多关于你们公司的好产品，但冰在我们这儿可不稀罕，它用不着花钱，我们甚至就住在这东西里面。（阿默斯林觉得我的举动不可思议）

霍普金斯：是的，先生，但看得出来您是一个注重生活质量的人。我们都明白价格与质量总是相连的，能解释一下为什么您目前使用的冰不花钱吗？

阿默斯林：很简单，因为这里遍地都是。

霍普金斯：您说得非常正确，您使用的冰就在周围，日日夜夜，无人看管，是这样吧？

阿默斯林：噢，是的，这种冰太多了。

霍普金斯：那么，先生，现在冰上有你和我，那边还有正在冰上清除鱼内脏的邻居，北极熊正在冰面上重重地踩踏，还有，您看见他们留下的脏东西了吗？请您想一想，设想一下好吗？

阿默斯林：我宁愿不去想它。

霍普金斯：也许这就是为什么这里的冰不花钱的原因。（我故意让他意识到现在用的冰的污染是多么严重）

阿默斯林：对不起，我突然感觉不大舒服。

霍普金斯：我明白，不经过消毒就使用这种冰块，您肯定会感觉不舒服。如果您想感觉舒服，必须得先消毒，那您原来是如何消毒的呢？

阿默斯林：煮沸吧，我想。

霍普金斯：是的，先生，煮过以后又能剩下什么呢？

阿默斯林：水。

霍普金斯：这样是在浪费您自己的时间。假如您愿意在我这份协议上签上您的名字，今天晚上您的家人就能享受到最干净、卫生的北极冰了。噢，对了，我很想知道您那位清除鱼内脏的邻居的想法，您认为他是否也乐意享受北极冰带来的好处呢？

结果你可能想到了，阿默斯林不仅买了我的商品，而且还主动帮我询问他的邻居是否需要，虽然他的邻居没有买，但至少他已经认识到了我所推销的商品的作用。

汤姆·霍普金斯就是这样一个人，当他想到要销售产品给某位顾客时，就会立即去行动，而不是思考可不可行（就像上述他回忆中描述的那样，如果他一开始就觉得把冰卖给爱斯基摩人是不可能的或很难的话，那就不会有这个成功案例了）。他这种"立即行动"的特质成就了他一代销售大师的地位。曾经有记者问他的成功秘诀，他是这样回答的：

记　　者：汤姆·霍普金斯先生，请问您成功的秘诀是什么？

霍普金斯：马上行动。

记　　者：当您遇到困难的时候，您如何克服？

霍普金斯：马上行动。

记　　者：如果您把成功的秘诀告诉全世界每个人，您会怎么说？

霍普金斯：马上行动。

现在做，马上做，是一切成功者的必备素质，所以，当我们想要销售某套房子给某人时，不需要再思考可不可行，唯一需要做的是马上行动。凡事左思右想之后，机会就稍纵即逝。现代商业社会的竞争，不再是先瞄准，再开枪，而是先开枪，再瞄准。

第64章 如何迈向售楼巅峰

汽车销售大王乔·吉拉德有一句名言："我相信推销活动真正的开始在成交之后，而不是之前。"乔·吉拉德每次成交之后仍要继续推销，他把成交看作是推销的开始，他和顾客成交之后，并不是把他们置于脑后，而是继续关心他们，并恰当地表达出来。正是这种销售精神让乔·吉拉德迈向了事业巅峰。

一个优秀的房地产销售人员绝对不可能靠一锤子买卖建立自己的事业，销售是一个连续的过程，成交既是本次推销活动的结束，又是下次推销活动的开始。销售人员在成交之后必须继续关心顾客，这样既能够赢得老顾客，又能吸引新顾客，使客户越来越多，生意越做越大。房地产销售人员如何迈向售楼事业巅峰？乔·吉拉德发明的"250定律""每月一卡""猎犬计划""名片满天飞""超级售后服务"成交方法都值得广大房地产销售人员借鉴。

一、250定律，不得罪一个顾客

250定律（详见《售罄Ⅰ》），在每位顾客的背后，都大约站着250个人，这是与他关系比较亲近的人：同事、邻居、亲戚、朋友。如果一个推销员在年初的一个星期里见到50个人，只要其中有两个顾客对他没有好感，到了年底，由于连锁影响，就可能有500个人不愿意和这个推销员打交道，如果这50个人都觉得推销员的服务不好，则会有12500人不愿意跟这位推销员做生意。因此，在任何情况下，都不要得罪哪怕是一位顾客。

二、 每月一卡成交法

乔·吉拉德每月都要给他的一万多名顾客每人寄去一张贺卡。一月份祝贺新年，二月份纪念华盛顿诞辰，三月份庆祝圣帕特里克日……凡是在乔·吉拉德那里买了汽车的人，都会收到乔·吉拉德的贺卡，他们也因此记住了乔·吉拉德。正因为乔·吉拉德没有忘记自己的顾客，顾客才不会忘记乔·吉拉德。

三、 猎犬计划

乔·吉拉德认为，干推销这一行，需要别人的帮助，他的很多生意都是由“猎犬”（那些会让别人到他那里买东西的顾客）帮助的结果。乔·吉拉德的一句名言就是：“买过我汽车的顾客都会帮我推销。”在生意成交之后，乔·吉拉德总是把一叠名片和猎犬计划的说明书交给顾客。说明书里规定，如果顾客介绍别人来买车，每成交一辆车之后，他会得到25美元的酬劳。几天之后，乔·吉拉德又会寄给顾客感谢卡和一叠名片，以后至少每年这位顾客都会收到乔·吉拉德的一封附有猎犬计划的信件，提醒他乔·吉拉德的承诺仍然有效。如果乔·吉拉德发现顾客是一位领导人物，其他人会听他的话，那么，乔·吉拉德会更加努力促成交易并设法让其成为“猎犬”。

四、 名片满天飞

销售人员最重要的销售武器就是名片，但乔·吉拉德派发名片的做法与众不同。他到处递送名片，在餐馆就餐付账时，他要把名片夹在账单中；在运动场上，他把名片大把抛向空中。他认为，每一位推销员都应设法让更多的人知道他是干什么的，销售的是什么商品，这样当他们需要他的商品时，就会想到他。抛散名片是一件非同寻常的事，人们绝对不会忘记这样的事。当人们买汽车时，自然会想起那个抛散名片的推销员，想起名片上的名字——乔·吉拉德。还有很关键的一点就是，有人就有顾客，如果你让他们知道你在哪里，你卖的是什么，你就有可能得到更多的生意。

五、 超级售后服务

我们都知道，创造业绩的不二法则是留住老顾客，吸引新顾客。但你知道吗，我们的销售业绩有多少比例来自老顾客，多少来自新顾客？答案是：80%来自老顾客，20%来自新顾客。值得注意的是，60%的新顾客是来自老顾客的引荐。

因此，销售成交后，如何捉住顾客的心，让顾客感到满意，才是长远的经营之道。但是要如何才能让顾客感到满意呢？其实，满意不一定来自便宜的价格，有时候，优良的售后服务反而能带给顾客一辈子的记忆。以下几种服务方式值得我们参考。

1. 合宜地表达竞争优势。产品同质化混淆了顾客选购房屋的标准。这时，我们不要简单地说我们推荐的房屋比一般的好一点，而应将房屋的特色彰显出来。例如，只有这个小区的品质才符合您的身份。

2. 提供产品的附加价值。我们要尽可能多地提供房屋的附加价值，证明顾客的选择是正确的。例如，人性化、小区安全、便捷性、园林环境、舒适性、私密性、地位、居民素质……

3. 成为全方位的生活顾问。对我们来说，顾客一次的购买是不够的。若我们希望他能成为忠实的使用者，便应全面了解他的工作和生活，成为他的生活顾问。所以每一次的沟通，都要表现出真心想为顾客解决问题的诚意，而不是一心一意只顾推销房子。

4. 认真耐心地倾听。顾客难免会抱怨，但不一定会离弃我们，但如果我们对顾客的抱怨没有积极化解，顾客流失的几率将大为提高。因此，我们要与顾客保持亲密关系，必须经常倾听顾客的声音，把顾客抱怨当成是改善工作的契机，我们应该感谢顾客提出意见，并通过倾听和沟通打消他的疑虑。

5. 实现承诺，再做得比承诺多几分。我们也可以将服务顾客的准则以书面形式呈现出来，让顾客了解我们的服务内容。对于顾客所要求的服务，我们都应以“最急件”来处理。最重要的是，对于顾客的需要，我们永远不要嫌太大或太小，应以诚实的心和前后一致的态度，换取一生的互信。

第65章 轻松说服顾客的物理成交法

人们常说："见什么人说什么话，到什么山唱什么歌"，指的是人们在与其他人相处时，要学会随机应变。但在现实销售中，除了语言上要随机应变，在行为或环境设置上，也要学会随机应变才能更有效地成交顾客。而且，人们往往相信眼见为实，更容易被自己亲眼看到的东西说服。

有一次，我去拜访一位朋友，他传授了他的销售秘诀。在他的门店洽谈区有两个抽屉，分别放着两本不同的房屋买卖合同复印件。当业主来时，他会拉开左边抽屉，拿出那本厚厚的合同复印件，对业主说："某某先生，这个小区的房子就你这套单价最高。"边说边翻开这本买卖合同复印件给业主看，最后还说："某某先生，恭喜你啊，你的房子又破了这个小区最高价纪录。"当买家来到店里的时候，他就会拉开右边抽屉，拿出另外一本厚厚的合同复印件，对着顾客说："某某先生，你买的这套房子，是我们最近一年谈到的最低单价了。"边说边翻开那本厚厚的合同复印件。

房地产销售就是这样，人们很容易被眼前看到的东西打动。因此，一手楼销售中，开发商想方设法把样板房按1∶1的比例进行建造，并做精美的装修，这样，销售人员不用过多解释户型的相关情况，就能对营销起到很好的辅助作用。在二手楼销售中，也有一些精明的业主会对旧房子的墙壁进行粉刷，尤其是把大门换成新的，这样整套房子就会焕然一新。大门是一套房子的眼睛，很多旧房子因为大门比较旧，更给人一种破旧不堪的感觉，而花上1000多元换个全新的大门，就像一个化了妆的女士，让人眼前一亮。很多顾客在这些“化妆”了的房子面前流连忘返，甚至连砍价都“手软”了很多。在房地产销售中，我们还可以利用哪些眼见为实的物理成交方法呢？

一、 收集相关销售证据

在房地产销售过程中，一个优秀的销售人员要善于收集相关报纸、杂志等刊物上的对销售有利的报道，存放在门店或销售中心，当顾客前来看楼，遇到类似的问题时，就可以拿出这些“证据”来说服顾客。例如，西晒的房子是比较难卖的，有一位房地产经纪人收集了一篇名为《冬天盖被子一定要先暴晒3分钟，否则有100万只螨虫陪你睡》的文章。每次有女性顾客看西晒的房子时，他都会提及这篇文章并拿出来给顾客看，提醒顾客，其实西晒的房子比北向的房子好多了，西晒不但可以对空气进行消毒，还可以晒死螨虫，让顾客在比较中自动选择逃避痛苦。

我们在日常房地产销售中收集的相关“证据”，可以是规划资料、市场资讯、地块拍卖消息、宏观政策、相关竞争楼盘情况或者是名人及专家对某楼盘的评价等。

二、 门店可以设置荣誉墙

很多公司喜欢在前台最显眼的地方留出一大块空间，用来摆放公司的荣誉。这样做的主要目的是激励自己的员工，也可以让前来公司拜访的人看到，体现公司的正规化和超强的实力。其实，在一手楼销售中心以及地产中介门店等销售场所一样可以摆放一些公司获得的荣誉，增强顾客对我们推荐房屋的信心。

在这些销售场所摆放的可以是社会机构颁给我们的荣誉，也可以是公司给员工颁发的荣誉，还可以是顾客给我们的锦旗、感谢信等。不管是团队还是个人的荣誉均可摆放出来，这些都会增强顾客在我们这里买房的信心。

三、 在名片上展示自己的荣誉及专业

假如我们派发给顾客一张“见习置业顾问”或“试用经纪人”的名片，顾客可能会想，能不能换一个销售人员来接待我。顾客是喜欢与专家打交道的，这也就是为什么普通感冒的病人也喜欢挂专家门诊的道理。因此，我们在派发出去的名片上也要尽量抬高自己的职位，这样容易获得顾客的信任。此外，自己在公司获的奖或自己的学位（学位较高，如硕士以上）也可以印在名片上，让顾客更加相信你。

此外，还可以在名片上印上自己的照片，当然，照片要能体现出你的诚恳、稳重与亲和力，不可以是一副盛气凌人、狡猾的样子。

第66章 坐销与行销的业绩会有多大区别

从事过保险销售的人可能都知道，你的业绩好坏跟你跑烂的皮鞋数量多少是成正比的。其实，做房地产销售也一样，如果一个房地产销售人员只会坐在销售中心或门店等待顾客，那么，他的业绩会随着市场的变化起伏非常大，而对一个敢于“走”出去的房地产销售人员来说，有行销就无淡市。有句名言：“不景气的市场只会淘汰不争气的人”，讲得非常有道理。如果我们能从“坐销”走向“行销”，即使市场萎缩80%，我们仍然可以通过行销抢这20%的客户。“坐销”与“行销”最大的区别就是“坐”以待毙，而“行”之有效。

在市场上升期，销售一片火爆的时候，卖出房子的多与少并不能说明一个人能力的高低，市场冷清时才能看出一个人的销售功力。最近几年的宏观调控使我们已经很难在售楼处或门店等到大量上门客户了，而是要主动出击寻找客户。从单位层面上讲，可以进企业和一些大型企事业单位联合搞活动；从个人层面上讲，可通过老客户挖掘新客户，也包括上闹市发传单。行销最关键的步骤是开拓新的渠道和客户资源，寻找并锁定客户。当然，行销不仅仅指陌生拜访，在街上派发广告，到企业组织团购以及电话营销等都是“走”出去的非常重要的形式。有些公司在组织一二手联动时，要求每人每天平均电话拜访200—300个客户，这个过程就是在生产客户、创造需求。只有销售团队每天动态地跟上千名客户交流，才能使我们真正地了解市场。

有不少行家在做项目销售总结时，得出这样的结论，使用行销方式和坐销方式带来的销售额比重是9∶1。而不少地产中介公司，在去年淡市中生存，一二手联动这种行销方式所赚取的佣金在一些月份竟然占到公司总收入的80%左右。由此可见，行销的优势非常突出，但有效的行销应避免下面一些行为。

一、 盲目推销

任何房屋都只适合其特定的需求对象和需求时间，置业顾问要把握好推销时机，这是推销成功的关键。有些置业顾问整天忙忙碌碌，路没少跑，话没少说，单位没少联系，但收效甚微，原因主要在于他们没有选择一个明确的目标顾客群。

二、 粗鲁无礼

行销要给顾客留下良好的第一印象，就必须注意礼节礼貌。首先，应穿戴整洁，注意个人卫生，无论是服装的款式还是色彩的搭配都要大方、协调；其次，拜访时，进门之前应按门铃或轻轻叩门，得到允许后方可入内；最后，得体的称谓，礼貌的问候会缩短与顾客的心理距离。每当销售人员出现在顾客面前时，要面带微笑，热情地跟顾客打招呼，这样才能够尽快赢得顾客的好感。

三、 夸大其词

向顾客介绍你所推介的房屋时应实事求是，漫无边际地夸大，把你推介的房屋说得完美无缺，顾客未必信任你；相反适当找出一些缺点，反而能取得顾客的信任。

四、 不懂装懂

置业顾问对所推介的房屋应有一个非常全面的了解，无论是商圈配套，还是房屋结构都要了如指掌。只有这样才能回答顾客提出的各种疑问，并加以解决。当我们对所推介的房屋不是非常熟悉时，绝不能用“大概”“可能”“也许”“差不多”这样的话来搪塞顾客，或故弄玄虚、卖关子，而应实事求是向顾客解释。

五、 强行推销

推销应建立在尊重顾客、双方自愿的基础上。一些置业顾问为了提高自己的推销额，不替顾客着想，而是采取软磨硬泡，甚至欺骗的方法强行推销。这样做不但违反了商业道德，损害了顾客的利益，而且也会作茧自缚，为自己今后的销售工作设置障碍。

六、 一锤子买卖

置业顾问要提高自己的推销业绩，不仅要通过不懈努力来扩大自己的销售额，建立起新的销售网络，还要加强和巩固已有的推销渠道，使一般的顾客成为熟人，进而成为朋友。行销很多时候不可能一次成功，经常性地联系顾客，进行感情上的联络与沟通，他们就可能成为你下次交易的主顾，同时还会向他的朋友介绍你推介的房屋，帮你挖掘出新的顾客。对购买了你推介的房屋的顾客，应进行定期跟踪调查，提供优质的售后服务，这会让他成为你忠实而长久的顾客。

第67章 如何让顾客迅速决策

很多房地产经纪人跟业主谈价时只会说："能不能少一点""再少1万元"等，很少说出一些能让业主降价的理由。比如，我今天带顾客去看了您的房子，他整体上觉得不错，只是后来参观厨房时，看到装修及厨具太旧了，必须全部打掉重新装修，现在非常犹豫，说要和之前看过的一套比较一下。要不这样张先生，您这套房子也放这么久了，不如再低1万元，我再跟对方谈谈如何；李先生，现在国务院办公会议都强调明年要坚决调控楼市，不放松，楼价反弹是没有希望了哦，还不如现在少2万，快点成交算了。

其实，业主并不是不愿意降价，问题是房地产经纪人没有给出让业主降价的合理的理由。买家也并不是一定要观望下去，而是经纪人没有给出一个合理的立即买楼的理由。因此，经纪人要想提升业绩，必须先准备一些让业主立即降价成交的理由，当我们面对业主时，可以一条理由一条理由地来说服业主。如果我们脑袋里记下十条让业主立即降价成交的理由，第一条无法说服，我们就说出第二条、第三条，记忆的理由越多，说服业主的机会就越多。同理，我们脑袋里也必须记住一些让顾客立即决策购买房子的理由，记忆得越多，成交的可能性就越大。

一、 现在立即买楼的十大理由

1. 如果十年前你买了一套房子，现在卖了，你觉得会赚多少钱？如果从长期持有的角度来看，近三十年来的市场走势告诉我们，物业是在不断升值的。

2. 中国股市极其不成熟，散户永远是被庄家牵着鼻子走，风险太大。楼市不一样，只要长期持有，绝对升值，更何况每年还可以收租，实现每一年的使用价值收益。因此，投资楼市比炒股划算。

3. 租房子住，每个月要有一笔不小的租金支出，其实这笔支出可以拿来还购房贷款。租金是房东的，而每月所还的贷款都是自己的，会累积下来。而且现在全国房屋租金在不断上涨，广州的房租也在补涨，今年已超过15%，租房的负担将越来越大，租房也越来越不划算。

4. 年轻人不买房，钱通常也存不住，容易花掉，不如先买套小单元，通过还贷款的形式，强迫自己每个月将钱存在房子里，要买大房子时，将小房子卖掉，首期款就存出来了。

5. 租房住很不方便，想添置一些大件家具电器，又怕下次搬家时没地方放。所以没办法按自己想要的方式来布置。例如，买个空调，要是下次租的房子里本来就有空调，那原来的空调就不知放哪了，浪费。

6. 中国人讲究“安家立业”，如果没有安定下来，事业就没法稳定地发展。此外，频繁搬家也是一种浪费，有人说，搬一次家就好比发生一次火灾，每一次都扔掉不少“钱”。此外，搬来搬去非常麻烦。

7. 现在受调控影响，可挑选的房子较多，但好的房子并不多，需要精心挑选。市场略有好转，大家都抢着买楼，那时根本没有“好好挑”的机会。如果买来自住，长期是一定会升值的，哪个时间点买入并不是最重要的，早买早享受。

8.（针对担心物业税的投资客）其实每一次税收调整，我们见到的都是楼价的上扬，因为业主将税收转到了下家，更何况现在业主大多都要求实收。下家为此多付了不少税，待他下一次出售时，又会将这笔增加的税负转移至第二个下家。物业税刚出台时，不少业主就开始加房租，房租上来了，就是收物业税，也等于租客出了物业税。

9. 买房可以养老，而买保险很多时候并不保险，房子是不动产，如果租金合适，随时都可以租出去，而且会随市场、物价的变化而变化，如果货币贬值，租金自然会飙升，抵消贬值部分，比保险更保险。

10. 中国处于城市化进程中，城市人口越来越多，广州常住人口已经突破1200万，再加上流动人口，保守估计也有2400万，如果按每个家庭一套房子计算，估计广州目前也要有800万套房子才能满足需求，而目前的房子才不到200万套，更何况总人口还在增长，就算把广州所有的非住宅建筑物全改成住宅，马路、广场等全建住宅，也很难满足人人有套房的计划，更何况有些人一人占有多套住房。因此，住房需求在未来数十年仍将是供远小于求的状况，物业不断升值是大势所趋。

二、 现在立即卖楼的十大理由

1. 现在受政府调控影响市场还在观望，现在卖出，储备资金，等楼市价格降下来时，可以再重新买入，实现抄底。

2. 现在股市在2000点左右徘徊，有人说已经到了谷底，可以抄底了，卖房的钱可以适当投入股市。

3. 房子装修后，租给别人住，租客一般不会十分爱惜，一般租住三五年后，装修基本上就被破坏了。三五年的租金其实也就相当于房屋的装修费，也就是说，房子租了三五年相当于没收租金，因为装修的损耗恰好抵消了租金收入。

4. 物业税已经开始试点了，还将进一步完善，到时所有持有物业的人都有可能要交税，只不过是早晚的问题，持有物业的成本将直线上升，很多人将抛售物业，楼价有可能会大幅下滑。

5. 国务院出台文件要求政府官员上报家庭住房等财产明细，以及子女就业等情况。这个政策将迫使不少官员抛售手中的房地产。大量的优质房地产被抛出，也将使楼价下滑。

6. 以往楼市调控都是对开发商的调控，这次二套房政策调控直接针对消费者，二套房首付五成将大大地抑制有效需求，在相当长的一段时间内，购房者的数量将大幅减少，房价自然受到影响。因此，现在出手卖掉物业将是最好时机。

7. 物业投资的收益不仅仅是看每次投资可赚多少钱，更为重要的是每次投资的周期，也就是说周转速度。现在快点出手，后面还有更多可以投资的机会。如果现在不出手，可能会错失大把好的投资机会。

8. 钱只有花出去的才是自己的，没有花出去的都不是自己的，只是替社会保管财富而已。因此，一个人拥有财富的多少并不是关键，最关键是要不断改善生活品质。因此，卖了房子，提高生活品质，这才是大多数像你这么有身份的人所追求的。

9. 现在的人越来越追求生活品质，都希望购买大一点的住宅，这就是现在为什么大户型热销的真正原因，因此，您手上这套小户型并不是人们想要的那种理想居所，现在卖出我觉得非常正确。

10. 现代人越来越追求小区品质，像您这套纯住宅物业，未来保值升值的空间肯定会受限，现在出手是一个最佳时期。

第68章
怎样做到一开口，顾客就相信你

医生：什么地方觉得不舒服？

小王：没什么大毛病，就是老头疼，最近几个星期睡眠不太好。

医生：我看你的眼睛发红，是不是食欲不太好？

小王：是的，最近不想吃东西。

医生：你的脸色显得苍白，我来给你量一下体温，请把体温表放在腋下。我再听一下，你感觉虚弱吗？

小王：是的，我似乎一点力气也没有。

医生：给你化验一下血，请把袖子卷起来。（护士过来抽血）

医生：你患了贫血症，要注意饮食，多吃新鲜水果、蔬菜和高蛋白食物，不要熬夜，多休息。

小王：谢谢您。

医生看病时，有专业的诊断方法。医生说要吃什么药，病人一般不会讨价还价，因为医生很专业（最起码让病人感觉到非常专业）。但是，在房地产销售中，很多销售人员就显得太业余了。例如，一位顾客在门店的橱窗前看盘源纸，经纪人快步跑出去，问顾客：“先生，请问有什么可以帮到您？”这时顾客指着橱窗上张贴的一张盘源纸问道：“请问这套房子怎么样？”这时经纪人说：“先生，请进来坐，我从电脑上查查这套房子的信息。”这样的经纪人大有人在，这种做法非常不专业。试想，如果一位病人问医生："医生，我手上长了一个包，您看是怎么回事？"医生对他说："请坐，你等一下，我查一下书。"这样的医生病人敢让他看病吗？还有看一次病可能需要几百元，买一套房子可能要花上几百万元，如果经纪人不专业的话，顾客怎么可能相信你呢？

专业的房地产销售人员如何做到像医生看病这样专业地去销售房屋呢？首先，要对自己销售的房子了如指掌；其次，要对自己经营的商圈了如指掌；再次，要对商圈内的居民了如指掌；最后，就是要对顾客了如指掌。这些专业知识（即产品知识）是每个经纪人的基本功，必须100%过关。一个专业的房地产经纪人必须对自己门店所在商圈及自己门店主攻小区做到100%了解。

一、 商圈知识

1. 商圈处在城市的什么位置，在城市中的定位是什么？

2. 商圈内有什么银行、超市、邮局、医院、公园、加油站、商业街、大专院校？

3. 商圈内有什么样的幼儿园？入托条件如何？收费如何？

4. 商圈内有什么小学、中学？入学条件、收费情况如何？

5. 商圈属于哪个区？居委会在哪？属哪个派出所管辖？具体位置？

6. 商圈的楼价、租赁价格情况。

7. 商圈的商业分布、商业配套情况。

8. 商圈的交通情况？公交车、地铁及其交通设施情况？

9. 商圈的人文环境怎样？

10. 商圈内房屋交易情况、交易价格及走势如何？

二、 主攻小区 （重点楼盘） 知识

1. 小区物业管理公司名称、物业费收取。

2. 小区保安人数、保安素质、服务水平。

3. 小区车位数量、室内及室外收费。

4. 小区水电、有线电视、煤气、取暖等相关收费情况。

5. 小区总户数、主力户型、户型特点。

6. 小区住房构成情况、自住及出租比例、居民职业构成等。

7. 小区一共几栋楼，每一栋楼几梯几户，外墙颜色、层高、电梯品牌等。

8. 小区建成年代，一手楼价格。

9. 小区各栋楼发房产证情况，证够不够5年。

10. 小区各栋入住时间、空置情况。

11. 小区配套情况。

12. 小区周边购物、入学的便利程度。

13. 小区安全及智能设施情况。

14. 小区最近成交情况、成交价格及走势。

15. 小区盘源情况、出售的主要原因。

16. 小区竞争对手的情况。

第69章 房屋销售中，死缠烂打的尺度是什么

2011年，上海有一位市民陈先生接到某知名地产中介电话问他家的房子卖不卖，刚开始接到中介的电话，陈先生还很客气地解释一番，但之后中介频繁来电话，脾气不错的陈先生也开始不耐烦了，他明确告诉中介公司没有房子要卖，希望不要再打扰他。然而，中介公司仍旧不肯罢休，不管陈先生在开会、开车、用餐，还是在洗澡、如厕，电话总是响个不停。后来，陈先生一接到地产中介打来的电话就破口大骂，最后实在无法忍受，他便将该地产中介公司以扰民为由起诉至法院，索赔精神损失费1元，通讯费100元。此案引起人们的广泛关注，被称为上海“中介骚扰第一案”。

绝大多数业主对房地产经纪人的不速来电持不欢迎态度，同时也很无奈。有市场调查公司调查显示：你接到过中介的销售电话吗？75.1%的被调查者表示经常接到。你对中介的销售电话怎么看？84.2%的被调查者认为令人反感。从房地产从业人员的角度看，房地产经纪人的工作其实是一份高压力、高付出的工作，经纪人面对激烈的市场竞争，为了生存，每天都需要不断地扫报、扫网、扫楼，获取业主的线索，然后逐个跟进联系，被拒绝过的业主资源也不愿轻易放弃，只能厚着脸皮不停地给业主打电话，说不定哪一天就能谈成一笔生意呢？房地产经纪人都是厚脸皮，宁愿被人家骂两句，也不会轻易放过万分之一的机会，他们每天不停地“地毯

式”电话搜索每一个业主资料，遇到好心的业主则会劝经纪人不要再打电话过来，遇到心情不好的业主则经常被挂电话，而运气不好时，还会遭到业主的破口大骂，甚至有业主像陈先生这样将房地产经纪人告上法庭。

作为一个房地产经纪人如果连“死缠烂打”的本事都没有，是做不好业务的。但是，如果只知道一味地死缠烂打，很有可能白忙活一场，所以“死缠烂打”的度很关键。

一、分析业主，寻找有需求的业主

切忌盲目地死缠烂打。如果我们获得了一份小区业主名单，不要不假思索就立即“电话轰炸”所有业主，这样做业主通常会异常反感。如果一个业主没有卖房子的需求，而你天天“电话轰炸”，就好比你一个劲儿地将女性用品推销给一位男士，这样会成交吗？你老是对着一个没有需求的客户使劲地推销你的产品，你说人家会要吗？有效地推销要求业务员必须在冷静思考后，准确地将目标客户进行定位，然后再采取有针对性的推销手段，个个击破。

因此，在打电话前，可以先做一些市场调查，了解哪些房子的业主可能有卖房需求，这样打电话时被拒绝、被辱骂、被投诉的概率就要大大降低。

晚上我们可以经常去小区走走，看看哪些人家经常不开灯，也可以白天在小区多转转，看哪些房子的阳台没有晒衣服，哪些人家没有安装空调，这些通常是没人住的房子，这时可以联系业主，看有没有卖房的需求。此外，也可以留意小区的公共宣传栏，很多宣传栏会张贴当月公共用水、用电情况，以及每户的用水、用电情况，那些用电、用水特别少的住户通常也是没有人住的，可以尝试联络一下。

二、每次联系带给顾客一些有价值的信息

电话营销是房地产经纪人开展业务的常规手段之一，在利用电话营销时，完全不死缠烂打是不可能的，但千万注意死缠烂打的度。对于那些暂时没有售房需求的业主，我们每次电话或短信跟进过程中，是不是可以给他提供一些有价值的信息呢？假如每次用电话或短信联系他们时，都能够

给客户带来一些他关心的房地产信息，包括楼市走势、政策、成交情况等，说不准哪天哪个业主就会主动打电话来向你询问情况了。时间久了，联系的次数多了，业主也就不会那么反感你了，而是把你当成一个很重要的获取信息的来源。当然你给业主带去的这些价值需要你自己努力学习，提高自己的素质，这样才能得到更多人的尊重，从而在销售过程中化被动为主动。

房地产经纪人只有不断地提升自己，不断地带价值给业主，才会得到更多业主及顾客的尊重，才会有更多的业主及顾客希望你去“死缠烂打”地联系及拜访他，你的业绩也才会蒸蒸日上。

三、 售前服务业主， 再电话联系

有一句至理名言：“如果你不是推销员，你一定遇到过推销员。”这句话说明，这个世界上到处都是销售人员。2007 年获得盛赞的美国电影《当幸福来敲门》中，男主人公就是一个穷困的推销员，他每天拎着一台仪器敲开客户的门，但大多数时候迎来的都是冷漠、拒绝甚至拳脚相加。推销，也许是世界上最难的职业之一，而房地产经纪人的推销工作或许又是难上加难。它通常要求经纪人要同时说服业主及顾客双方，有时，顾客同意了，业主却在别的地产中介成交了，落得一场空欢喜。

此外，由于目前的二手房市场仍然属于“卖方市场”，业主处于强势地位，而房地产经纪人要开发足够的盘源就必须“死缠烂打”地联系业主，这经常让业主反感。如何消除这种“反感”，本书之前章节也介绍过用短信息维护业主的方法，定期发一些对业主有价值的信息获取业主的好感。当业主对你有好感之后，再电话联系业主，他也就不那么反感了。

第70章 9比1谈判原则引发的售楼新思考

中国人做生意与西方人做生意的区别之一就是中国人先干杯，再签约；而西方人通常是先签约，再干杯。在商业谈判中，绝大多数中国人的行为模式往往是迂回的，也就是说，中国人在面对问题的时候，往往采取循序渐进的方式，除非各种方式都无法解决了，大家非得撕破脸，否则，通常不会一下子就直指问题的核心，其典型的表现就是外弛而内张。

作为房地产经纪人，一项交易的达成虽然不需要与顾客及业主酒酣耳热，但其中的道理是一样的。身为经纪人，不一定要亲身尝试，但一定要懂得其中的奥妙，这将有助于你提升业绩。在房屋谈判签约中，有一个“9比1”谈判原则，是指真正房屋买卖谈判谈成所花的时间，只占整个过程的10%；将近90%的时间，是花在一些表面上无关紧要的与业主及顾客的跟进、沟通及闲聊上。但这90%的时间，绝非全然无益，在这90%的时间里，可以跟业主及顾客讨论市场变化、宏观调控政策、房地产理财投资、个人的专业和各种社会趋势等。这样做的好处是可以拉近双方的感情，相互了解，并提高彼此的信任度。如此，才能进一步让业主、顾客不断地妥协让步成交。

当然，那10%是谈判成交的精华时间，我们必须全力以赴，将前面所花的90%的时间和成本，都在这10%的时间中找回来。通常我们想让业主签署一份独家委托书，可能会花一上午的时间与业主聊家庭、聊房地产走势、聊宏观调控、聊政治、聊体育、聊文化，以解除业主对我们的戒心。直到业主接受及信任后再深入地谈论房屋市场的各种专业知识，让他了解我们的专业性。最后，签订《独家委托书》只需要5分钟。但若没有前面1—2小时的交流，将无法达成这5分钟的成功。

“8小时内求生存，8小时外求发展”，严格地讲，一个房地产经纪人在一天8个小时的工作中，主要是完成熟悉商圈、房地产实勘、带看、谈价等工作。这些工作必须争分夺秒，以最快的速度高质量完成。而8小时外则要不断地学习，并用电话、短信联络业主及客户，不断地加强与他们的联系，获取他们的好感和信任，唯有这样才能确保8小时内的工作更加有效。

8小时之外，如何更加有效地做好这90%的工作，可以遵循以下一些做法。

1. 跟进维护一定要以业主及顾客为中心，聊他们关注、感兴趣的话题。

2. 业主或客户提出来的不一定是他们非常在意的，有时候只不过是随便提提，要获得他们的信任，必须长期跟进落实。

3. 不要主观臆测，以己推人。我们天天与业主及顾客打交道，什么问题都可能遇到，当遇到问题时，不要臆断，要多沟通，先建立关系，后建立生意。

4. 顾客有意向买房，并不代表一定会跟你买。顾客通常会联系多名经纪人为他“带看”，但只会选择一名经纪人成交。如何在多名经纪人中脱颖而出，这就要求我们必须做到与众不同，我们要用更积极的态度，更加良好的服务和数量更多、更符合顾客需求的盘源信息获得顾客认可。

5. 顾客喜欢专家具有的知识，却不喜欢专家的姿态。所以，即使我们对房地产市场非常有研究，在与顾客的交往中，也要让顾客充分感觉受到尊重，让他们有“赢”的感觉。

6. 顾客的态度是由销售人员引导的。销售的线路通常不会走直线，开始时，顾客对我们可能并没有什么好感，但只要我们用积极正面的态度去影响他们，是会逐步改变他们对我们的态度的。

7. 不要在顾客面前传播任何负面信息。顾客不喜欢带来负面信息的房地产经纪人，尤其是当顾客在别的地产中介已经购买房子后，有些经纪人就打击顾客，说他买得太贵了，或说他买得房子不值得等，这通常都会让顾客反感，从此不再往来。

8. 顾客不喜欢被伤害，也不喜欢被自己伤害的人。我们与顾客沟通、交流时，要让顾客有双赢的感觉。

第71章 你常犯这种因“嘴勤”而丢失业务的错误吗

人们常用“纵横捭阖”来形容一个人游说的能力，但在日常生活中太会“说”却常常不是一件好事，“病从口入，祸从口出”指的就是说得太多会招致麻烦。尤其在销售中，如果销售人员太能说，会经常“毒死”客户。很多时候，人们对销售与讲话存在着认识误区。对销售员来说，他们相信一个金牌销售员必然是一个能说会道、八面玲珑的“说客”，所以，他们把更多精力花在表演、表达、表决心上；而对消费者来说，我们起先会被销售人员的巧言善辩、滔滔不绝迷乱了眼，后来见多了，也熟悉了他们的伎俩，判断力、鉴别力逐渐恢复，慢慢地对这些口若悬河的销售员产生厌恶感。

美国有一个市场研究机构，对300名年龄在31—45岁有着丰富经验的销售人员进行调查，当问到“销售人员最大的弊病是什么”的时候，有41%的人认为“讲话太多了”，有30%的人认为是“对产品性能过度承诺”，有16%的人认为“在交货过程中不能密切追踪”，还有13%的人选择了“其他”。当把这个问题抛向400多名消费者时，也得到了相似的结果，讲话太多依然占据第一位。如果算上第二项“对产品性能过度承诺”（毕竟它也是讲话太多，讲得太满的一种表现），那么，大概有71%的销售人员的错误是发生在“说话”上，正所谓“成也萧何，败也萧何”。

在房地产销售中也一样，顾客大多都对话痨式经纪人非常反感，他们像收音机一样，顾客一到就“开机”，唠唠叨叨没完没了，让顾客完全没有插话的机会，甚至连顾客走时也不“关机”。毕竟，销售中我们并不是对着录音机讲话，而是在和人进行交流。此外，讲话太多，必然导致聆听太少，从而无法在短时间内获取顾客要表达的信息，也无法真正地掌握需求。

此外，在房地产销售中，顾客不需要经纪人来教他怎么做，也不希望经纪人怀疑他没有用心听经纪人的解释。有些经纪人出口就是：“你懂吗?”“你明白我的意思吗?”“这么简单的问题，你应该理解吧?”这样的话题都是让顾客非常反感的。作为房地产经纪人，你千万别怀疑顾客的理解力，你要把顾客当作天才，不要通过质疑让顾客感觉不被尊重，这是销售中的最大禁忌。优秀的房地产经纪人必须懂得说话有度，与顾客交流时，必须注意管好自己的口，用好自己的嘴，要知道什么话该说，什么话不该讲。一定要格外注意谈话中的“十忌”。

一、 忌争辩

经纪人在与顾客沟通时，时刻不要忘记自己的职业、自己的身份。要知道与顾客争辩解决不了任何问题，只会招致顾客的反感。如果你刻意地去和顾客发生激烈争论，即使你赢了争辩，却失去了顾客，丢掉了生意。

二、 忌质问

经纪人与顾客沟通时，要理解并尊重顾客的思想与观点，切不可采取质问的方式与顾客谈话。用质问或者审讯的口气与顾客谈话，是销售人员不懂礼貌的表现，是不尊重人的反映，是最伤害顾客的感情和自尊心的。记住，如果你要想赢得顾客的青睐与赞赏，忌讳质问。

三、 忌命令

经纪人与顾客交谈时，展露一点微笑，态度和蔼一点，说话轻声一点，语气柔和一点，要用征询、协商或者请教的口气与顾客交流，切不可采取命令的口吻与顾客交谈。永远记住一条——你不是顾客的领导和上级，你无权对顾客指手画脚、下命令或下指示。

四、 忌炫耀

与顾客沟通时若谈到自己，要实事求是地介绍自己，稍加赞美即可，千万不可忘乎所以，得意忘形地自吹自擂，自我炫耀出身、学识、财富、地位以及业绩和收入等，这样会人为地造成双方的隔阂和距离。要知道人与人之间，脑袋与脑袋是最近的，而口袋与口袋是最远的。记住，你的财富是属于你个人的；你的地位，是属于你单位的，是暂时的；而你的服务态度和服务质量，却是属于你的顾客的，是永恒的。

五、 忌直白

俗语道："打人不打脸，揭人不揭短。"我们在与顾客沟通时，如果发现他在认识上有不妥的地方，也不要直截了当地指出，说他这也不是，那也不对。一般人最忌讳在众人面前丢脸，要忌讳直白。康德曾经说过："对男人来讲，最大的侮辱莫过于说他愚蠢；对女人来说，最大的侮辱莫过于说她丑陋。"我们一定要看交谈的对象，做到言之有物，因人施语，要把握谈话的技巧、沟通的艺术，要委婉忠告。

六、 忌批评

我们在与顾客沟通时，如果发现他身上有缺点，不要当面批评和教育他，更不要大声地指责他。批评与指责解决不了任何问题，只会招致对方的怨恨与反感。与人交谈要多用感谢词、赞美语，要多言赞美，少说批评，同时也要掌握赞美的尺度和批评的分寸，要巧妙批评，旁敲侧击。

七、 忌专业

在销售房屋时，一定不要用专业术语，比如容积率，很多人听不懂，即便是听懂了，也未必是他们所关心的焦点。

八、 忌独白

与顾客谈话时要鼓励对方讲话，通过他的话，我们可以了解顾客的基本情况。切忌营销人员一个人唱独角戏，也可通过提问让顾客讲话。

九、 忌冷淡

与顾客谈话时，态度一定要热情，语言一定要真诚，言谈举止都要流露出真情实感，要热情奔放、情真意切。俗语道："感人心者，莫先乎情。"这种"情"是经纪人的真情实感，只有用自己的真情，才能换来与对方的感情共鸣。在谈话中，冷淡必然带来冷场，冷场必定带来房屋买卖泡汤。

十、 忌生硬

经纪人在与顾客说话时，声音要洪亮、语言要优美，要抑扬顿挫、节奏鲜明，语音有厚有薄，语速有快有慢，语调有高有低，语气有重有轻，要有声有色，有张有弛，声情并茂，生动活泼。切忌说话没有高低、快慢之分，没有节奏与停顿，生硬呆板，没有朝气与活力。

第72章 售楼冠军是如何炼成的

汤姆·霍普金斯说过这样一句话："成交是在不断尝试中实现的，成交无处不在，不断尝试，直至成交。"他信奉的销售冠军信条是："我不是以失败的次数来评定自己，而是以成功的次数来评定自己；我成功的次数是与我能够承受失败和不断尝试的次数成正比的；我不是以我没有成交的次数来评定自己，而是以成交的次数来评定自己，我成交的次数是与我谈话的人数和不断跟踪，直到他们购买或死去的次数成正比。"

房地产销售就是这样，没有哪一位顾客会在我们第一次带他看楼时就跟我们说："这正是我要买的楼。"我们需要在每次带看中，不断地尝试去成交，不断地接受被拒绝，反复多次，直至成交。在这个过程中，我们要做的是"敢于成交"。试想，一个房地产经纪人都不敢要求顾客下定金，顾客又怎么可能相信你，然后下定成交呢？有一句非常出名的犹太人商业格言："我要求，我得到；我寻找，我发现；我敲门，门为我开"，讲得不正是这个道理吗？售楼冠军非常重要的一个特质就是"敢于成交"。

此外，汤姆·霍普金斯在《如何达成卓越销售》中提及，一名销售冠军还必须具备以下特质。

1. 任何行业的销售大师如果不先成为一名完全投入的学生，绝不会成为销售大师。也就是说，要成为销售冠军，必须有学习的心态，要善于学习别人的成功经验。

2．我们必须对我们所销售的房屋有100%的信心。在现实销售中，客户会接受我们推荐的房屋，主要是基于我们的热情与信念，而非技术知识或产品本身。我们必须对自己推荐的房屋有信心，这样才能够打动客户的心，使他们接受；我们必须相信自己推荐的房屋，必须要对它有感情，要为它感到高兴；我们必须要让客户看到自己的脸上、眼睛里都写着自信。

3．我们不是售楼员，而是置业顾问。新型的房地产销售人员扮演专家的角色，而非销售人员本身。我们要给顾客的安居乐业提供最科学的方案，每卖出一套房子，便送给顾客一种幸福的生活。

4．我们是聆听专家。我们必须具备很优异的聆听能力，只有学会聆听顾客，找出顾客的需求并满足它，才是我们存在的价值。

5．我们要成为感兴趣的内向者，而非成为有趣的外向者。我们要建立以顾客为中心的顾问式销售模式，顾客才是兴趣的中心点，与顾客交往，必须让顾客讲出他们的兴趣。

6．我们都非常有“同理心”。房地产销售是顾客人生中的一笔数额巨大的交易，他们会有疑虑，他们会非常谨慎，他们会用拖延来克服恐惧。我们必须理解顾客的各种心态，才能获得成交。

7．我们不只了解自己公司做事的方法以及各种产品，也要了解对手。竞争无处不在，在激烈竞争的房地产市场中，我们必须做到知己知彼，这样才能真正立足于市场。

8．我们要了解整个业界的状况。真正的销售冠军必须是一个对行业非常了解及熟悉的人，他对公司的一切如数家珍。对竞争对手了如指掌。一个优秀的房地产销售人员必须做到风声、雨声、读书声，声声入耳；国事、家事、天下事，事事关心。

9．在我们做介绍的时候，必须确保客户一直点头。让顾客点头，是成交的前提。优秀的房地产销售人员善于发问，让顾客点头，他们懂得每次如何发问，并在不断地引导顾客点头的过程中让顾客进入成交氛围。

10．我们必须在穿着、姿态以及讲解上展现自信及专业性。销售冠军从一进门就可以看出来，你不需要改变自己的样子，但你必须改变自己的职业形象，让你看上去像专家；你可以做你自己，但你必须运用自己的个性、脾气，让顾客与你交往融洽；你可以不虚伪，但是你必须改进你的沟通技巧，为你的顾客提供更好的服务，推荐更好的房子。这样你才可以在房地产销售领域中平步青云，获得最终的成功。

中国房地产中介培训中心课程介绍

（专注！专一！专业化！www. ori. net. cn）

《穿越发展期——地产中介股权激励与薪酬设计》 课程1. 现阶段地产中介股权激励概况 课程2. 地产中介股权激励实操指引 （1）地产中介成功创业的“666”法则 （2）成长期地产中介股权激励设计的原则与实践（解剖××地产，案例分析） （3）成熟期地产中介股权激励探索（大量案例）（管理层上市期权激励） 课程3. 地产中介薪酬设计制胜原理及实操指引 课程4. 地产中介薪酬设计现场指导 **《区域突围——区域总监高效经营管理实战训练》** 第1部分：区域总监的角色定位 第2部分：区域总监的业务管理实务 第3部分：区域总监的人力资源管理实务 第4部分：区域总监的激励管理实务 第5部分：区域总监的品质管理实务 第6部分：区域总监的成长之路 **《区域霸主——快速提升市场份额，打造区域强势品牌》** 一、生存篇：我们靠什么活得更好！ 全新经营思维/数一数二原则/竞争环境/超越竞争	**《基业常青——地产中介培训体系复制》** 体系①：经纪人岗位标准化培训模块（15天内容） 体系②：新兵战斗营标准化培训模块（12大课程） 体系③：金牌经纪人技巧提升训练模块（10大课程） 体系④：储备店长管理基础特训模块（10大课程） 体系⑤：精英店长管理技能提升模块（8大课程） 体系⑥：高级店长卓越管理特训模块（8大课程） 体系⑦：店务主管技能特训模块（6大课程） 体系⑧：交易按揭、风险管控模块（6大课程） 体系⑨：会议管理/领导力/执行力/团队建设模块 体系⑩：中高层管理者自我修炼模块 **《功夫店长——快速打造超级战斗力门店》** 单元1：开单管理的两大关键 单元2：提升经纪人战斗力的“四个冲程” 单元3：提升经纪人核心战斗力的CSP体系

二、竞争篇：如何赢得井冈山的斗争？ 定位三角形/对立原则/单点发力/四大战术 三、布局篇：布局决定结局，抢占竞争制高点 开店四定——战胜对手的关键因素分析 四、包装篇：店铺设计包装，在形象识别上超越对手 包装秘诀；门面包装“最”原则；店内包装8要素定感觉；网络包装4大要诀 **《赢在店长——打造门店业绩倍增的4R执行体系》** 课程1：门店业绩倍增4R执行系统（上） 课程2：门店业绩倍增4R执行系统（下） 课程3：如何经营及管理分行人才 课程4：店长工作日志 **《九段秘书——地产中介门店秘书管理高级研修班》** 九段秘书的6大心态/目标管理能力/职业形象塑造 成本控制能力/职场基本礼仪/沟通协调能力 高效表达能力/321量化管理/高效档案管理 分行秘书的工作焦点/会议、活动组织能力 计划管理能力/门店秘书开门必做5件事/关门4件事	单元4：提升经纪人服务力的服务管理 单元5：开单关键点控制 单元6：门店工作氛围的管理 **《门店教练——地产终极店长（培训讲师）魔鬼训练营》** 培训大师成功的培训秘诀 世界最有影响力的培训演讲技巧与系统方法 最有效的顶级“说服力”秘诀 怎样在三分钟内让自己魅力四射、语惊四座 如何选定销售案例，如何使销售案例更具培训穿透力 在门店如何辅导新人快速成长 封闭式“魔鬼训练”，让你的培训能力“脱胎换骨” **《开单也疯狂——二手楼优势售楼创新技巧训练营》** 如何在30秒内吸引顾客注意力 电话中让买家不好说“不”的艺术 如何有效引爆顾客购买情绪 匪夷所思的第三人需求挖掘 如何提高楼盘介绍时的穿透力 放价的原则及技巧分析 “逼定”的艺术及尺度 善意诱导式成交的艺术 反败为胜的转介绍法则 有效突破置业者心理防线的谈价优势法则